RUGE O ESPERA A SER DEVORADO

DANIEL HABIF

RUGE

O ESPERA A SER DEVORADO

 Planeta

© 2023, Daniel Habif

Fotografía de portada: Ram Martínez (@ramfotografia)
Edición: Mónica Laverde
Diseño: Juanfelipe Sanmiguel
Departamento de Diseño Grupo Planeta

Derechos reservados

© 2023, Editorial Planeta Mexicana, S.A. de C.V.
Bajo el sello editorial PLANETA M.R.
Avenida Presidente Masarik núm. 111,
Piso 2, Polanco V Sección, Miguel Hidalgo
C.P. 11560, Ciudad de México
www.planetadelibros.com.mx

Primera edición impresa en México: marzo de 2023
ISBN: 978-607-07-9780-4

Impreso en los talleres de Bertelsmann Printing Group USA
25 Jack Enders Boulevard, Berryville, Virginia 22611, USA.
Impreso en U.S.A – *Printed in U.S.A*

Ruge

es un
libro que te
subrayará
a ti.

Antes de reinar comerás polvo, serás vendido por tus amigos y familiares. No se puede volar junto a los que te despluman; así que deja de suspirar y comienza a avanzar, pues los sueños no están hechos de pereza ni apatía.

Tu gloria será el fracaso de los mediocres, que te perdonarán todo menos el éxito, porque la felicidad no tolera a la cobardía, jamás verás a un tibio hacer historia. Si persistes con ahínco, recordarás dónde estaban aquellos refugios de tu niñez y te encontrarás de frente la mirada más intensa, la más potente que jamás verás: la tuya.

Aunque todo te parezca en vano, no te rindas jamás. Que lo imposible sea tu juguete. Al destino, más que esperarlo, hay que arrebatarlo.

Ruge
o espera a ser devorado.

Contenido

Capítulo 2

INFLAMA 115

Capítulo 3
RUGE 205

No más silencio. Dentro de ti hay un poder gigante que contiene un grito, solo que lo has atado con dudas y con miedos, pero sigue allí clausurado, con la garganta apagada, amordazado con la opresiva censura que le has impuesto: la misma con la que has acallado tus sueños.

Este libro es para desatarlo y cortar sus mordazas, porque ese grito —largamente enmudecido— derribará las paredes y doblará los barrotes que te encierran. Dependerá de ti decidir si te sales o te quedas donde te han atrapado.

Nuestro proceso y aprendizaje durante cada página consistirá en tres pasos: inspirar, inflamar y rugir. Luce simple, pero conlleva dedicados esfuerzos, especialmente de esos que debes ejecutar dentro de ti.

FRACASAR ES UN MILLAR DE VECES MÁS VALIENTE QUE NO INTENTAR.

INSPIRAR

Inspirar tiene que ver con la carga energética que nos define, con una revisión profunda de nuestras creencias y conductas. Consiste en inflarnos con el aire sanador de la quietud. Cuando intentamos volver a comenzar es indispensable revisitar los pilares de la edificación que nos sustenta. Auditaremos los flujos de nuestro balance emocional para suspender las transacciones que nos desangran y cerrar las cuentas con los acreedores que exigen pagos que ya hemos saldado cientos de veces, facturas que ya no debemos. El más fiero de estos cobradores está dentro de nosotros, con su recibo de lesiones y de culpas. Esa contabilidad hace también registro de las heridas que hemos ido acumulando desde nuestra más temprana infancia, y suma los talentos, los valores, las convicciones y la confianza para arrojarnos un balance positivo. Vamos a permitirnos hacer una evaluación de nuestras conductas y tendencias, no para definir lo que somos, sino para tener un punto de partida en nuestro viaje interior. Autoexplorarnos es una urgente bocanada de aire cuando no hemos salido de la asfixia cotidiana.

Antes que nada, debemos saber si estamos en un lugar seguro. De poco servirá imaginar quiénes escucharán nuestros gritos si no hallamos seguridad y solidez donde hoy residen nuestros murmullos. Es necesario evaluar a quién puedes confiar las vergüenzas que provienen de tus culpas y con quiénes no sientes pudor de ser como eres.

La exploración interna se acompaña con la del entorno, es decir, aquello que hemos escogido para crear nuestro reino personal, como el dinero, las relaciones o los negocios. Tú y yo les concedemos a estos elementos un poder que se manifiesta claramente en la forma como interactuamos con ellos, y la jerarquía y el peso que les damos modifican ciertas condiciones en nuestras vidas. La evaluación interna nos revela a quiénes honramos: desde las personas que amamos o admiramos hasta las instituciones, símbolos, conceptos o ideologías que respetamos. Todo ello moldea nuestros ideales. La honra desnuda y, en buena medida, dice lo que somos y lo que nos define.

Por supuesto, no hay forma de llenarnos si nos mantenemos vacíos de Dios. Incluso para los no creyentes es necesario establecer un vínculo con lo interno, encontrar una conexión entre la dimensión del misterio y esta realidad física que, de alguna manera, obsesivamente encuentra cientos de teorías para poder describirla, pero ninguna que nos permita comprenderla del todo. Cada nuevo descubrimiento relacionado con los aspectos elementales de la física nos acerca más a Dios y nos aleja de una concepción mecánica del universo. Por ello, la inspiración es un momento adecuado para conversar en silencio sobre la muerte misma y para recordar nuestra facultad de engendrar vida.

En resumen, inspirar es vaciarnos de nosotros mismos y llenarnos de lo eterno, de lo que no perece, del fabuloso misterio que somos y, en el misterio, redescubrirnos para liberar todo nuestro estallido interior, hacer una cita con la soledad de las preguntas que bien sabemos responder, pero que tanto nos cuesta formular.

INFLAMAR

Una vez cargado nuestro pecho, será el momento de inflamarlo, de concentrar esas reflexiones de lo que somos para trazar un plan de acción. Para ello, primero debemos analizar cómo tomar decisiones inteligentes; se trata de la más importante de las habilidades, y no es más que mirar hacia adelante sin que la vista se nuble con los sesgos y falacias que tejen nuestros modelos mentales. Las decisiones perfectas no existen, solo llegarías a ellas por medio del azar. Nuestro trabajo consiste en conocer las causas principales de las distorsiones que nos llevan, una y otra vez, a cometer los mismos errores.

EL AMOR NO ES UN MILAGRO, ES UNA DECISIÓN; Y EL MILAGRO **ES DECIDIRLO TODOS LOS DÍAS**.

Luego, atravesaremos las tormentas del odio y las críticas que intentan arrancarnos lo que somos hasta despojarnos de las fuerzas para avanzar. Cruzarlas, aun sabiendo el riesgo de naufragar, servirá para cargarnos y alcanzar la calma y el cielo despejado de la confianza y la paz. Pasaremos por las opiniones que recibimos y por el porqué de nuestras reacciones ante ellas. No es posible completar una carrera de 100 metros con la mirada fija en el público; no hallaríamos el curso hacia la meta. Concentrarnos en las rechiflas y en los abucheos nos obliga a suspender el enfoque en nuestro éxito. Que algunos se estanquen para ocuparse de nosotros no es motivo para detenernos.

Analizaremos también a qué le ponemos atención. Estar atentos es un talento que debemos pulir. Enfocar nuestra atención en el momento presente con todo nuestro ser es un lujo que no todos saben permitirse en este mundo aferrado a lo urgente. El único rumbo posible es aquel al que dediquemos todos los focos, por eso debemos cuidarnos de que no sea el pasado, el rencor o la culpa. Antes de rugir debemos contener el aliento y concentrarnos en lo que deseamos hacer y en cómo lo lograremos.

Enfocarnos en las cosas correctas es una de las principales virtudes de estos tiempos en los que el ruido jamás se calla. El ruido llega a nosotros incluso en los momentos de descanso. La pausa ha dejado de ser un abono a nuestra imaginación para tornarse en un contaminante. Descansar ya no es esa oportunidad para ser auténticos, sino un incentivo para insistir en ser una burda imitación de los demás.

Inflamar también implica tomar la lección para saber analizar quiénes han tejido hilos sobre nuestros hombros para manejarnos como marionetas. Estar atentos a las influencias cobra un peso trascendente en tiempos en los que hemos perdido el control de lo que consumimos; el bombardeo de información, sobre el que nuestros padres y abuelos podían ejercer algún control, ha alcanzado un poder indescriptible.

La coyuntura incrementa el valor de saber cómo podemos ejercer influencia sobre otros. Nos han enseñado que la persuasión es un conjunto de técnicas para lograr que los demás se adhieran a nuestra voluntad, aunque no lo quieran hacer. Esa es la razón por la que estas propuestas no cumplen su cometido y terminan por ser abandonadas. Hemos errado al buscar una lámpara de Aladino que conceda el deseo del control mental, cuando el camino correcto es entender cómo nuestras ideas, con sus fortalezas y debilidades, pasan a ser analizadas desde la perspectiva conveniente y de la forma adecuada.

BONITO DESPERTAR Y VER EN EL REFLEJO **A UNA BUENA PERSONA**.

Persuadir es, en buena medida, una forma de enfatizar tus perspectivas, de hacerlas escuchar y de lograr que tus pares se sientan a gusto con ellas, aunque sean opuestas a su visión. Lograr que la gente haga lo que tú quieras, al costo que sea, es alejarte de la influencia para entrar en las oscuras fronteras de la manipulación. De allí que dediquemos un segmento a técnicas para provocar un efecto positivo en otros, y con ellas aprender a defendernos de las artimañas de la manipulación.

La fuerza de voluntad es otra herramienta clave cuando convertimos la quietud del aire en rugido. Por eso, discutiremos sobre ella y sobre la lucha que ocurre entre dos personas que viven en diferentes puntos en el tiempo: la del ahora, que goza de un disfrute inmediato, y la del futuro, con la que no siempre nos identificamos. En ese cruce nos toca elegir entre un camino corto hacia un placer seguro y otro largo e impreciso, pero con destino hacia lo que siempre hemos soñado.

RUGIR

Este último paso tiene que ver con la contundencia del rugido, con los hechos, las acciones y su significado. Se trata, en realidad, de un inicio, de una apuesta que ya no acepta un solo paso atrás y para la cual debemos hacer transacciones que nos permitan apostar por esa persona que deseamos ser.

Comenzaremos explorando la importancia del dominio propio. Este nos permite navegar sofisticadamente por el tiempo, ya sea para quedarnos en el placer fugaz del presente o enfocarnos en un futuro próspero, lo cual será posible si sabemos invertir en nuestros ideales, deseos, emociones y conductas. Cada esfuerzo, cada empeño, cada sacrificio aumenta el saldo de nuestro beneficio esperado.

Uno de los trueques que debemos hacer es el del silencio; debemos intercambiarlo por la paz interior. Muchas veces callamos porque es una salida fácil, pero en lugar de desechar cierto peso en el silencio, encontramos que solo sirve para acumular angustias que no paran de crecer. A veces callamos para huir de la realidad, y otras, peor aún, para arrojar sobre los demás lo que no podemos enfrentar.

Uno de los principales pasos para expandir todo el poder contenido, aunque sorprenda, es abandonar: dejar atrás algunas cosas aprendidas que damos como verdades absolutas. Puede ser extrañamente fácil dejar de hacer cosas que nos gustan, pero resulta insufrible la lucha por abandonar aquellas que nos hieren. Queremos ser fuertes, pero ignoramos que ser vulnerables requiere mayor fortaleza que ser brutales,

CUANDO ABRES UN LIBRO,

**APARECEN
UN
PAR
DE
ALAS.**

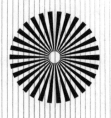

porque la vulnerabilidad es una manera de ser inquebrantables. Aprender a dejar ir es una insignia de valentía e integridad: es valiente asumir su consecuencia, es íntegro asumir la
responsabilidad que nos corresponde.

ORAS PARA QUE DIOS TE QUITE LAS CARGAS, **PERO TE AFERRAS A ELLAS.**

Esta discusión nos cuestiona cuántos errores estamos dispuestos a procesar y cómo hacerlos jugar a nuestro favor. De
la ciencia de materiales nos hemos adjudicado el término *resiliencia* y lo hemos incorporado para describir nuestra conducta. Los resultados que he visto me hacen concluir una de
dos posibilidades: que aún debemos aprender un poco más
de ingeniería, o que seguimos equivocados en descifrar el
comportamiento humano. Insistimos en confundir la resiliencia con la resistencia, en darle a la primera los atributos de
la segunda, con lo que ninguna de ellas gana valor.

Cuanta más presión contengas, más aumentarás la potencia y el volumen de tu rugido, pero también será mayor el cansancio y seductora la opción de dejarte llevar por el confort
del suspiro liberador de caer en la tentación. Toma aire,
retenlo en el pecho y grita con una potencia que vacíe los
silencios contenidos en el dolor y en los miedos. Ese es el sentido de rugir: cabalgar salvajemente en dirección a tus sueños.
Hay quienes lo llamarán nubes de polvo; otros dirán que es
artificio y circo, pero es invaluable hacer estallar lo que ateso-
ras dentro de ti.

Escúchate. Atiende con cuidado lo que te tienes que decir. Ignora los ataques y las burlas antes de que apaguen tu voz. Analiza con precisión cuál será el tono y el arrojo de tu grito, y desata ese poder contenido.

Hazlos temblar.

¡Ruge! Que todos escuchen lo que tienes que decir.

¡Ruge! Que no te quede nada por dentro.

¡Ruge! Que se acabe la tiranía del silencio.

Capítulo 1

INSPIRA

En el preludio de los grandes momentos te has preparado para actuar. ¿Recuerdas? Hiciste una pausa e inflaste el pecho con esa bocanada con la que sentías limpiar los temores que se han ido incrustando dentro de ti. Así sucedió segundos antes de deslizarte sobre aquellos labios: te detuviste en un largo aliento antes de intentar ese beso; cerraste los ojos y te expandiste como en un ritual que encapsulaba tus miedos.

Fueron maravillosas las veces que te atreviste a pedalear sin ayuda, la primera vez que nadaste a lo profundo del mar, cuando atravesaste sin compañía el callejón oscuro de tantas pesadillas. Ocurrió justo antes de los grandes momentos; esa inspiración anunció que dirías que sí, que iniciarías aquel cambio, que por fin decidirías soltar ese dolor que ibas cargando. Tomaste aire para prepararte y, tras exhalar, diste ese paso que tanto te había costado dar.

Desafortunadamente, con la llegada de obligaciones por satisfacer y de las cuentas por pagar, se fue debilitando ese impulso que te llevaba a avanzar por tus sueños. Te fuiste alejando de lo que querías, desaparecieron las pasiones y llegó el momento en que dejaste de reconocerte en el espejo. La inspiración de atrevimiento dejó de repetirse con la misma frecuencia; se fue produciendo una estrechez en tu corazón; tu alma se puso en silencio y el rugido apagado en tu garganta se fue quedando seco.

Para recuperar ese aliento es necesario volver a aprender a llenar tu pecho, a hincharte de arrojo, y esto comienza con la acción de conocerte en profundidad. Es hora de retomar lo que te pertenece, de darte el tiempo para hablar contigo, y hacerlo sobre quién eres. Hemos pasado buena parte de nuestra vida aprendiendo sobre números y doctrinas, sobre el nombre de los árboles y los recursos literarios, sobre la erosión de las rocas y de los próceres que escribieron nuestro pasado, pero nadie se tomó el tiempo de enseñarnos a conocernos: saber cómo pensamos o por qué pensamos de la forma en la que lo hacemos.

Tomar impulso para rugir implica redescubrirnos, conocer nuestras ataduras, identificar nuestros talentos y entender por qué cargamos heridas que condicionan nuestras conductas.

En las páginas por venir te guiaré en este proceso. Todo comienza con una bocanada de aliento que puedes transformar en tornado.

EL CUERPO BAILA CON QUIEN SEA, **PERO EL ALMA NO RÍE CON CUALQUIERA**.

TALENTOS

Una de las razones que nos limitan a seguir las actividades que más nos gustan es el peso de dudar si contamos con los talentos adecuados. Muchas personas desconocen cuáles son sus verdaderas destrezas; jamás llegan a descubrirlas al quedarse limitadas en ciertos espacios en los que jamás tienen la oportunidad de ponerlas en práctica. Es posible que este sea tu caso; se nos ha impuesto como algo normal el que ignoremos nuestros talentos porque seguimos atados a un sistema educativo que no solo intenta ocultarlos, sino que dificulta el desarrollo de aquellos que sí conocemos. Se imposibilita saber cuáles talentos poseemos cuando hemos vivido rodeados de obstáculos para usarlos.

LA ZONA DE CONFORT ES, TAMBIÉN, **UNA ZONA DE CONFLICTO**.

En primer lugar, nos han hecho creer que la habilidad y el talento son lo mismo, y se hace necesario diferenciarlos porque podríamos tener una habilidad magistral para actividades en las que nos creemos incompetentes. El talento es natural, uno de los muchos regalos con los que Dios nos trae al mundo. Todas las personas, sin excepción, tienen varios talentos, pero no todas disfrutan de ellos. Además, existen aptitudes innatas en temas intelectuales, físicos, emocionales e, incluso, espirituales. La habilidad, por su parte, es algo que se puede aprender, aunque sea complicado en extremo.

La música suele ser el ejemplo más utilizado para explicar la diferencia. Todos conocemos a alguien con gran talento musical: sin mayores esfuerzos son afinados, tienen ritmo y una capacidad asombrosa de captar y repetir las melodías; sin embargo, estas personas no podrían tocar un instrumento sin haberlo estudiado y practicado. Por otro lado, alguien sin estos dones, pero con una férrea disciplina, podría desarrollar la habilidad de tocar un instrumento e interpretar a la perfección una pieza de Mozart o de Chopin, pero esto solo sería posible tras un esfuerzo descomunal y casi titánico. Esto mismo puede ocurrir en otras áreas.

Ningún talento abandonado es capaz de superar las habilidades de la disciplina, pero ninguna disciplina puede terminar produciendo la delicadeza que proviene de la pasión. Por este motivo, los grandes referentes en diversos campos han conquistado sus maestrías con una combinación de aptitud, constancia y esfuerzo. De allí la importancia de saber cuáles son esos talentos naturales, si aún no los conoces.

Ya no me sorprende cuando un amigo o familiar dice que desconoce cuál es su talento, pero me sigue pareciendo alarmante que aún haya tantas personas que afirmen, sin ningún pudor, que no tienen ningún talento. Esto es lo que nos han enseñado a pensar. Todos tenemos un talento, y para descubrirlo la mejor receta es aventurarte a intentar lo que nunca has hecho por más obvio que parezca, pero esto solo funcionará si crees, genuinamente, que descubrirás alguno en ti.

Si de antemano exploramos alternativas definiendo lo que no somos, es difícil que nuestras destrezas naturales se manifiesten. Si nos creamos conceptos previos acerca de lo que somos capaces de hacer, obtendremos resultados muy distintos. «Soy fatal para los deportes», te enseñaron a decir desde tu temprana infancia, porque tus padres te inscribieron en las actividades que les gustaban a ellos, no a ti. Como no llegaste entre los tres primeros, te colgaron la medalla de «terrible en los deportes», y así lo asumiste, así has vivido todos estos años, creyendo que, porque no eres bueno en algo, eres malo para todo. No podrás encontrar tus dones si solo buscas en esos rincones oscuros de tu vida.

Tú tienes que encontrar el talento escondido, y como Lucas declara en 15:8-9: «¿O qué mujer que tiene diez dracmas, si pierde una dracma, no enciende la lámpara, y barre la casa, y busca con diligencia hasta encontrarla? Y cuando la encuentra, reúne a sus amigas y vecinas, diciendo: "Gozaos conmigo, porque he encontrado la dracma que había perdido"». Ella primero enciende la luz (¿cómo encendemos la luz de nuestra mente?) para mirar claramente. Después usa la escoba para barrer en los lugares más complicados de limpiar para ella y, posteriormente, está dispuesta a buscar con extremo cuidado. Jamás se queda indiferente ante lo perdido o escondido; por el contrario, es sumamente diligente y, sobre todo, desea encontrar la moneda con mucho fervor. Tu talento es un tesoro que debes buscar. Muchos no buscan su talento porque consideran que no es un tesoro tan valioso como para esforzarse. Comparan la cantidad de esfuerzo con los réditos que suponen que les traerá ese talento que han minimizado porque lo valúan equivocadamente. No menosprecies el tamaño de ese tesoro, ya que puede ser el arma que te lleve a tu victoria. No hay talentos pequeños.

La habilidad te la entrega alguien más; puedes aprender repostería con los mejores profesores, pero lo que sentirás cuando hornees tu primer pastel es algo que solo a ti te pertenece. Si no has encontrado aún tu talento, apostaría a que lo encontrarás en esas cosas en las que ahora piensas que no eres competente, y no lo busques en el resultado sino en lo que sientes al hacerlo.

NUESTRO MAYOR RETO EN UN MUNDO LLENO DE MÁQUINAS **SERÁ ACTUAR CON HUMANIDAD**.

Los talentos son competencias que se nos dan con cierta facilidad y en las que hallamos enorme gusto al hacerlas de forma natural, nacemos con esa desenvoltura, pero aun así debemos desarrollarlas. Muchas veces nos negamos a probar porque tenemos una mentalidad fija. Esto es algo que mencioné en mi anterior libro, *Las trampas del miedo*. Allí encontrarás referencias sobre cómo la capacidad que tenemos para asimilar conocimiento está condicionada por nuestros pensamientos. No deseo repetir lo que ya profundicé en otro momento, pero abordaré un par de conceptos que recomiendo tener frescos para continuar en este tema[*]. Hay dos mentalidades contrapuestas cuando entramos en procesos de aprendizaje:

- **Mentalidad fija:** la que poseen quienes consideran que sus habilidades no cambian.
- **Mentalidad de crecimiento:** la que poseen quienes consideran que cualquier habilidad se puede dominar a través del estudio y la práctica.

Cuando una persona de mentalidad fija dice «Yo no sé bailar», está sentenciando una situación que considera, de antemano, inamovible. Cuando alguien de mentalidad creciente dice «Yo no sé bailar», se refiere a que aún no ha explorado los recursos para aprender a hacerlo. Esto, que viene de la didáctica, es bueno recordarlo en este punto porque, si te domina una visión de mentalidad fija, no dispondrás de los estímulos necesarios para explorar tus talentos.

En conclusión, olvida todo lo que te han dicho —y has creído—, aquello en lo que piensas que fallas, y comienza de nuevo. Una buena forma de explorar es poner atención a las personas que admiras, aquellas que cuando las ves desarrollando su arte dices: «¿Cómo se sentirá eso?». Si vas por buen camino, te llamará más la atención lo que ellos viven al hacerlo, que el prestigio o los ingresos que obtienen.

---

[*]   Investigaciones de la profesora Carol Dweck demuestran que, desde edades muy tempranas, la creencia de tener la capacidad de aprender juega un factor relevante en la facilidad y disposición de hacerlo. Para conocer más sobre este fascinante tema, te invito a que busques el capítulo "Las trampas de las limitaciones" en mi libro *Las trampas del miedo* (2021).

Otro paso importante es abrirte un espacio en medio de la cotidianidad; si la rutina y la monotonía se imponen, no hallarás oportunidades para intentarlo. Aléjate también del rebaño. Cuando insistimos en mantenernos alrededor de lo que les gusta a los demás, limitamos el contacto con aquellas cosas que podrían gustarnos a nosotros. Esto puede suceder incluso sin que nos demos cuenta; dejar que nos lleve la marea es una forma de renunciar a lo que podemos ser.

Descubrir tus talentos o reconciliarte con ellos es indispensable para rugir. Son el impulso que hace falta para llenar el vacío del silencio.

TUS INTELIGENCIAS

Como ya hemos dicho, descubrir un talento implica un aprendizaje, y este no se produce dentro de la comodidad de lo que ya sabemos; debe ser una aventura, y como exploradores en un campo nuevo, detrás de la maleza podremos hallar una pradera o un pedregal, y necesitamos tener la misma disposición para cruzarlos. Conocer algo nuevo implica el riesgo de tropezar, especialmente si no modificas la forma de caminar.

Modificar la forma en la que me enfrento a mí mismo es capital; no es un simple detalle, sino la clave de la caja fuerte. Somos observadores, buscadores y testigos permanentes de todo nuestro ser, pero nos perdemos en nuestro interior porque no viajamos frecuentemente dentro de él. Bajemos, entremos, limpiemos y conquistemos toda la extensión de nuestros dominios, no dejemos tierra sin explorar. Adentro encontrarás un cosmos, el espejo de otros universos y mundos. Derrumba las ermitas y cuevas que has usado como refugio para esconderte de ti mismo. Enfréntate para que no te abandones. Visítate, hospédate y disfruta de ti. Recoge los pedazos que otros dejaron regados; límpialos, hazte un espacio y acomódate ahí.

HAY RESPUESTAS QUE SE ENCUENTRAN **EN LOS DETALLES**.

Es normal considerar que preferimos aprender de una manera determinada, es algo que nos han enseñado durante mucho tiempo. Y sí, es cierto que algunas técnicas funcionan mejor que otras para cada persona, pero esto no sucede siempre ni con todo lo que estudiamos. Así como debemos mostrar apertura a nuevos conocimientos, también debemos abrirnos a usar diferentes perspectivas de estudio. Existe el peligro de que nos apartemos de temas específicos porque nos empeñamos en seguir la idea de que «así es como yo entiendo». Esa es una creencia limitante que tenemos que abandonar cuando deseamos descubrir talentos inherentes, pero aún inexplorados.

Las teorías de los estilos son populares desde hace varias décadas. Se entienden como los mecanismos preferidos por una persona para digerir, traducir, organizar e interpretar nueva información. Conocer estas preferencias nos ha ayudado a comprobar la conveniencia de seguir distintas rutas en

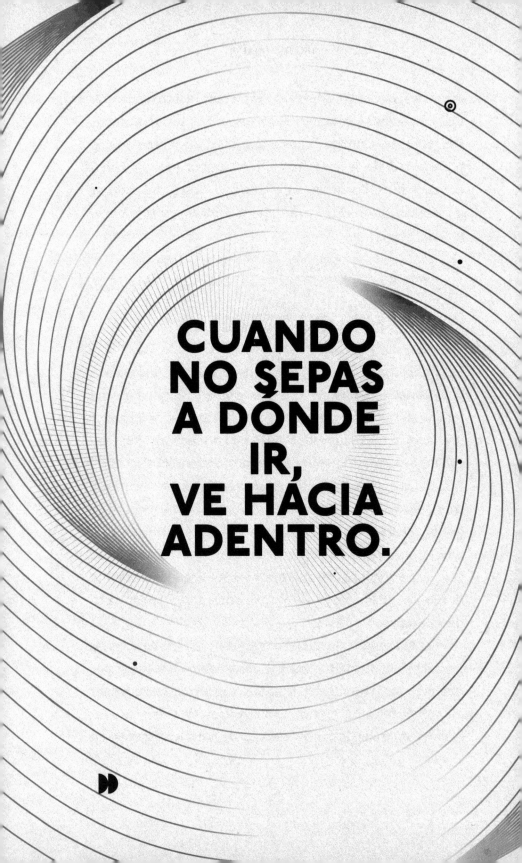

CUANDO
NO SEPAS
A DÓNDE
IR,
VE HÁCIA
ADENTRO.

los procesos de instrucción. Gracias a ellas, muchos educadores y alumnos han ajustado sus métodos; el mayor aporte ha sido la demostración de que no todos deben ser tratados de igual forma. Sin embargo, su utilidad acaba cuando, en lugar de hacernos crecer, nos pone un techo porque creemos que al tener un estilo óptimo de aprendizaje no debemos explorar los otros. Nos enmohecimos.

Otra propuesta que me parece muy acertada a la hora de comprender nuestros talentos tiene que ver con nuestras inteligencias (sí, *inteligencias,* en plural): hace 40 años, el psicólogo Howard Gardner planteó la teoría de las inteligencias múltiples, a las que clasificó según el tipo de información utilizada al procesar un asunto. Inicialmente, Gardner propuso siete tipos de inteligencia, aunque su teoría ha dado pie a la identificación de muchas otras. La mayor parte de los textos reconoce ocho.

Las inteligencias se proponen como diferentes programas que operan en nuestro cerebro, con buena parte de sus operaciones independientes. Digamos que algunos de estos programas son más eficientes que otros. Las mayores inteligencias serían las de aquellos *softwares* con algoritmos más eficientes. Esta teoría rompió con una visión largamente considerada de que la inteligencia era una unidad que predecía resultados eficientes de forma transversal sin importar la materia.

Este enfoque evidencia que una persona puede tener facilidades para ciertos temas, aunque no obtenga notables resultados en otros. Por ejemplo, una de las inteligencias mencionadas por Gardner es la lingüística, con la que se pueden hacer avances en el procesamiento de información relacionada con el significado de las palabras en sus diferentes formas. El común de la gente califica como «inteligentes» a quienes tienen una elevada facultad lingüística, aunque su procesamiento espacial o matemático no sea particularmente agudo. Es decir, solemos percibir como inteligente a una persona que se expresa con soltura y gracia, aunque sea incapaz de resolver elementales problemas logísticos o, peor aún, los más rutinarios conflictos personales.

Esta «programación» observada por los expertos está asociada al funcionamiento del cerebro; por ejemplo, la inteligencia lingüística se relaciona con el lóbulo temporal y el frontal izquierdo, al estar allí las áreas asociadas a la comprensión del lenguaje y la formación de las palabras (área de Wernicke y área de Broca). Por su parte, la inteligencia espacial-visual está asociada con las regiones posteriores del hemisferio derecho, que tienen que ver con la capacidad visual.

MUCHOS PREGUNTAN PARA HACERSE VER, NO PARA APRENDER.

Quizás te has empeñado en perseguir talentos que no están en tu dimensión más desarrollada, por eso quiero hacer una breve descripción de las características y aportes de las ocho inteligencias aceptadas por la mayoría de los expertos, para ayudarte a comprender en qué consisten y a identificar cuáles predominan en ti.

INTELIGENCIA MUSICAL

Comprende elementos que aumentan el potencial para identificar sonidos, escuchar, cantar y ejecutar instrumentos. Como lenguaje, ayuda a entender cuándo una composición tiene algún desbalance y permite interpretar y crear piezas sonoras. No solo es útil para los músicos, también lo es para las personas que los apoyan, como técnicos, fabricantes o programadores de sonido.

INTELIGENCIA CINESTÉSICO-CORPORAL

Tiene que ver con el control corporal, tanto en expresiones fáciles, como en coordinación de las extremidades y destreza en la movilidad fina y en la gruesa. Este control sostiene la expresión de las ideas con movimientos y lleva a realizar actividades que requieren equilibrio, coordinación y soltura. Es necesaria para deportistas, actores, conferencistas, bailarines o personas que requieran una sobresaliente motricidad, como cirujanos, orfebres o ebanistas.

INTELIGENCIA LÓGICO-MATEMÁTICA

Permite realizar cálculos, cuantificar, ponderar, estimar resultados y resolver ecuaciones, así como interpretar representaciones numéricas. Es útil para realizar proposiciones cuantitativas y establecer hipótesis. Con esta se identifican patrones y se realizan abstracciones. Es excepcional valor en el mundo comercial, la ingeniería, las ciencias exactas y la computación.

INTELIGENCIA VISO-ESPACIAL

Ayuda a percibir el mundo espacial, no solo a gran escala. Concibe la forma en que se producirán los movimientos en un campo y permite plantear escalas. Del mismo modo, facilita la presentación visual de ideas y conceptos, esquematizar estructuras, estimar distancias y dar idea de cómo se comportarán ciertos flujos. Es fundamental en el mundo de las artes y en el de las comunicaciones, así como en el diseño gráfico, industrial y de obras civiles.

INTELIGENCIA LINGÜÍSTICA

Abre la puerta para formular ideas con el uso de las palabras —verbales o escritas—, al tiempo que agiliza la decodificación de lo expresado por otras personas. Aumenta la eficacia al hablar, escribir y apreciar los mensajes. Esta habilidad es valorada por su amplitud, al ser provechosa en el mundo de las artes, las ventas, el liderazgo y las comunicaciones.

INTELIGENCIA NATURALISTA

Aunque no es la última de la lista, fue agregada por Gardner más de una década después de concebir las otras. Maneja la comprensión de la naturaleza en su amplitud. Procesa la información que deja identificar y estratificar los elementos del ambiente. A quienes piensan que esta no es una dimensión relevante, los invito a que vean la importancia que tuvo, en tiempos remotos, para el desarrollo de nuestra especie. Es fundamental para científicos, geólogos, agrotécnicos y artistas.

INTELIGENCIA INTERPERSONAL

Puede considerarse como una agudeza social. Es el programa con el que captamos las señales enviadas por otras personas sobre sus intenciones, emociones, gustos y motivaciones. Nos permite interpretar lo que los otros desean y lograr una conexión con ellos. Con esta inteligencia reforzamos la empatía y reconocimiento. Es fundamental para hacer funcionar actividades en grupo, organizar el liderazgo y transmitir situaciones puntuales de afecto, disgusto o inquietud. Aunque no existe espacio humano en la que no sea necesaria, tiene particular importancia para las personas cuyos trabajos exigen interactuar, como los líderes, los educadores, los terapeutas y los equipos de servicio al cliente.

INTELIGENCIA INTRAPERSONAL

Escogí dejar esta de última porque deseo que le prestes especial atención. Es la capacidad para acceder e interpretar las emociones, sensaciones y sentimientos internos. Con ella tomamos una radiografía en la que podemos ver factores que también nos definen, como nuestros sesgos y apreciaciones. Este entendimiento es relevante para distinguir entre lo que sucede y lo que nos causa heridas e incomodidades. Con ella tenemos una visión de cómo reaccionaremos. Aunque es utilísima, más allá de las actividades, tiene apreciable valor para las personas que requieren un control emocional, que deben mantener relaciones de alto nivel o que tienen soportar responsabilidades críticas.

Ahora que conoces estas inteligencias, te invito a hacer el siguiente ejercicio: haz una lista de las diferentes inteligencias, desde la que consideras más fuerte en ti hasta aquella en la que sientes más deficiente.

Finalizado esto, tómate el tiempo para responder la encuesta con la que puedes comprobar cuáles son tus inteligencias predominantes, a partir de la herramienta que encontrarás en www.rugelibro.danielhabif.com.

Una vez tengas el resultado, compáralo con la evaluación que habías realizado. Si descubres bien evaluada una de las inteligencias que considerabas débil, has encontrado un lugar donde comenzar a buscar tus talentos o pulir los ya descubiertos. Hallarás varias sorpresas.

×

Todos tenemos ciertas facultades en cada una de las inteligencias. Las fortalezas en unas no determinan qué sucede con las otras: puedes ser un matemático brillante con una mínima capacidad interpersonal, o un diestro mecánico con buenos recursos para comunicarte. Aunque nos hayan enseñado lo contrario, y a pesar de que el sistema educativo solo reconozca y valore algunas de ellas, las inteligencias tienen muy poco que ver con nuestras calificaciones y están íntimamente ligadas a lo que nos diferencia de los demás. Conocer tus inteligencias predominantes es un ejercicio de gran valor en el que puedes hallar un sinnúmero de respuestas.

NO PIERDAN SU TIEMPO CONMIGO, ES INÚTIL **DECIRLE AL FUEGO QUE NO ARDA**.

Aunque surgen del estudio de aspectos similares, los estilos de aprendizaje no deben confundirse con las inteligencias múltiples. Los primeros describen las preferencias en el modo en que recibimos la información; las segundas, cómo la procesamos.

DISPOSICIÓN Y CONFIANZA

De poco sirve la acumulación de talento si no viene acompañada del paso adicional, que nos lleva de lo bueno a lo excepcional, de lo admirable a lo sublime. Muchas veces nos convencemos de que hemos hecho lo suficiente o que hemos dado todo de nosotros frente a alguna situación específica, pero en el fondo sabemos que la profunda y cruda verdad es que no hemos entregado todo, y nos lo dice una voz que nos persigue y nos atormenta. Esa voz debe ser escuchada, no silenciada, porque es la voz de la excelencia, la que eleva tus estándares y te empuja a romper con la comodidad sistemática del común vivir y de la frase tan usada: «Así estoy bien».

Ese llamado es el eco del rugido de la disposición y de la confianza. La disposición es una acción de entrega, una acción de compromiso que nos obliga a revisar cuáles son los movili-

41

¿VES ESTA CICATRIZ?

ME LA HICE POR NO AJUSTAR EXPECTATIVAS.

zadores de nuestra vida. ¿Qué te mueve? ¿Un sueño, una adicción, un vacío, un hombre, una mujer, el dinero…? Piénsalo. No es fácil tener disposición, pero es una condición obligatoria si deseas sobresalir en lo que emprendas y en lo que sueñes.

Todos tenemos ciertos recursos y, con lo mucho o poco que contamos, trabajamos, estudiamos, nos movemos y vivimos. Sin embargo, es interesante ver la facilidad con la que una persona puede enumerar los recursos con los que no cuenta; en cambio, resulta difícil identificar aquellos que ya tenemos integrados desde nuestro nacimiento.

Te digo una cosa: el punto fundamental no es la cantidad de talento, sino la mentalidad que lo dirige. Si cuentas con la hermosa y significativa virtud de la disposición, puedo afirmar que tus talentos multiplicarán su fuerza, su poder y su alcance. Respétate. Concentra tu voluntad en recorrer la milla extra. Aumenta tu disposición y verás una lluvia torrencial de bendiciones que comenzará a caer sobre tu vida.

La confianza forma parte fundamental de la disposición. Es la virtud de mostrar aplomo y optimismo ante cualquier circunstancia. La confianza suele ser consecuencia del amor que le profesas a una causa o a un ideal. Se da el lujo de ser selectiva, pero el liderazgo real la exige siempre, pues la confianza firme, a pesar de caminar tambaleándote, no te deja claudicar. Es una aptitud que te convierte en una persona efectiva en la mayoría de las ocasiones.

La confianza se entrena bajo circunstancias extremas, nadie mejora su confianza si no da pasos temblando de miedo. Además, es producto de la firmeza y de la fe. Se expresa en tus manos, en tu cara, en tu pecho, en tu actitud y, sobre todo, en la energía que emanas al decir las cosas. Otorga tino y visión, modifica la energía de un lugar o de una situación. Si no crees en lo que dices, nadie más lo hará, porque esto sale del alma, de la entraña o de como lo quieras llamar.

LA SOBERBIA TE LLEVA A DESCONFIAR DE TODO AQUELLO QUE NO ENTIENDES.

Entrena tu confianza: envía el correo electrónico que sigue en la bandeja de borradores; llama a la persona que tanto te apena contactar; redacta ese mensaje directo; escribe el poema; recita un verso frente al espejo. Pueden parecerte actos simples, pero no son triviales. A lo mejor te da más miedo que te digan que sí a que te digan que no. Hazlo y verás cómo la incertidumbre revela talentos que se mantenían dormidos en ti.

Es importante que tengas claro que no debes endiosar las alegrías, ni la fama, ni el poder; ni maltratar, ni amenazar, ni humillar, y mucho menos creerte superior ante los fracasos de otros, simplemente porque tienes confianza. Debemos tomar con el mismo equilibrio tanto las alegrías como las tristezas y saber que no se trata de ser perfectos. No finjas perfección, acepta tu vulnerabilidad porque de ella también obtendrás la confianza para ser valiente.

Acepta esa luz y esa sombra para empezar a vivir en confianza e integridad.

AUTOCONOCIMIENTO

Está más que confirmado que cada persona puede producir grandes cambios en su propia vida con disposición, confianza y disciplina. El punto es que, para promover estas competencias, debemos conocernos bien. Por ese motivo es indispensable que nos apoyemos en herramientas para iniciar procesos de exploración interna que nos permitan entender cómo nos comportamos y nos relacionamos con los demás.

Como hemos visto, la inteligencia intrapersonal es una aguda aptitud para interpretar la actividad emocional: anticipar, percibir, discriminar y comprender los sentimientos propios. Esta inteligencia contribuye a realizar una larga lista de acciones, entre las que sobresalen las siguientes:

- Gestionar con eficiencia los sentimientos, las emociones y los afectos.
- Hallar recursos para los episodios de ansiedad y angustia.
- Anticipar situaciones en las que se necesita apoyo, soledad o reposo.
- Encontrar mecanismos para mejorar los niveles de disposición y confianza.
- Adaptar formas de comunicación para expresar lo que se siente.
- Disfrutar y sacar provecho de los momentos.
- Reconocer cuándo estamos teniendo un comportamiento inadecuado.

- Tener agilidad para hacer evaluaciones autocríticas.
- Conectar con frustraciones y heridas.

Si tu inteligencia intrapersonal es desarrollada y la entrenas —como el músico con talento natural que estudia su instrumento con ahínco—, conseguirás llevarla a niveles superiores. Pero si no es el caso, debes esforzarte aún más para desarrollarla porque es necesario compensar las limitaciones que tienes en ese atributo, y con ello avanzar en tu autoconocimiento. Para lograrlo, la mejor herramienta es consultar los modelos de comportamiento.

Al comprender de manera efectiva cómo está programada la fabulosa maquinaria de nuestro ser, podemos sacar provecho de nuestra inteligencia intrapersonal, la tengamos desarrollada o no. Saber quiénes somos facilita establecer mejores mecanismos de comunicación con los demás y nos permite alcanzar un equilibrio en el que el ego va cediendo en beneficio de un relacionamiento más fluido y honesto.

El estudio del comportamiento es complejo, aun siguiendo toda la rigurosidad experimental. A diferencia de las ciencias exactas, que permiten controlar factores específicos, las conductas humanas son un tejido del bagaje de temores, heridas y experiencias, incluso aquellas que se han alojado en las zonas no conscientes. No es lo mismo un experimento científico, que se puede hacer bajo condiciones controladas o al vacío, que el estudio de los seres humanos, que no se pueden aislar de los miles de factores que los influencian. Los investigadores crean condiciones adecuadas, pero en ningún caso serán idénticas. Tú y yo somos —y seguiremos siendo— un misterio.

Digo todo lo anterior porque el comportamiento humano no puede predecirse como el vuelo de las aves migratorias o como la temperatura a la que hervirán ciertos líquidos. Lo que podemos conocer es una tendencia o una probabilidad de ocurrencia. Quiero hacer esta aclaración antes de hablar de los modelos de comportamiento y de las herramientas de auto-conocimiento, porque es un error muy común aproximarse a ellos de una forma superficial y utilizarlas como verdades absolutas. NO DEBEMOS (así, en mayúsculas) tomarlas como una hoja de cálculo o una tabla periódica, sino como una guía que nos permite comprender características, forta-lezas y falencias, típicas para algunos perfiles, pero jamás res-ponderán a reglas absolutas.

Por otro lado, los perfiles no son voces del tarot ni anillos astrológicos que predicen comportamientos. No cometas el error de encasillar o prejuzgar a una persona según las res-puestas de un modelo de comportamiento.

TODOS LOS DÍAS AMENAZO CON DINAMITAR LA REALIDAD DE UN SOLO ZARPAZO.

Cuando alguien conoce su perfil de personalidad, tiene mayor capacidad para identificar por qué se repiten ciertas conduc-tas. La psicología ofrece decenas de herramientas para deter-minar estos perfiles, las cuales, a través de un sistema de puntos, arrojan un resultado preestablecido. Pero acá lo importante no es en cuál tipología, segmento o grupo caemos, sino cómo usamos esta información en nuestro proceso de autoconocimiento para la mejora continua.

Al aplicar estas herramientas es necesario responder las encuestas con atención, tomarse el tiempo para hacerlo bien y estar seguros de que comprendemos el significado de lo que se pregunta. Como este un modelo numérico, no piensa, solo da respuestas a la información que introduzcas en él, motivo por el cual debes responder con la mayor honestidad.

ENEAGRAMAS

Entre la gran cantidad de modelos disponibles, prefiero inclinarme por aquellos que conjugan simplicidad (que sean fáciles de aplicar y de comprender) y accesibilidad (de los que exista información abundante y seria). Algunas metodologías gozan de robustez teórica, pero son complejas en su aplicación. Otras, lo contrario: son muy amigables, pero no tienen un soporte sólido.

Un buen ejemplo de una herramienta sencilla de aplicar y con desbordada accesibilidad son los eneagramas: existe un número incontable de artículos y libros sobre el tema. El término *eneagrama* es una combinación de dos palabras griegas: *ennea*, que significa 'nueve', y *gramma*, que se refiere a los trazos; es decir, es un modelo gráfico de nueve líneas. El objetivo de esta herramienta es clasificar a las personas en uno de los nueve tipos de personalidad (eneatipos) predefinidos en el modelo, haciendo énfasis en la relación que tienen entre sí, motivo por el que podemos considerarla una herramienta social, ya que funciona, en buena medida, usando información basada en comportamientos asociados a las relaciones.

Esta herramienta muestra resultados tan efectivos a la hora de describir el comportamiento humano, que las academias de cine la han incorporado para que los escritores desarrollen personajes impactantes y consistentes. Su popularidad ha crecido de forma significativa en los últimos años, y es bastante fácil hallar bibliografía en español no solo de cómo funciona, sino de su importancia en temas como la creación artística, la conducta sexual, el análisis de las emociones, la meditación, el crecimiento espiritual y la educación infantil.

Su capacidad descriptiva de las actitudes personales ha causado tanto impacto en los tiempos recientes que se han publicado decenas de manuales ilustrados para comprender el comportamiento de los niños, escoger mascotas y hasta guías culinarias basadas para cada uno de los perfiles descritos. Escojo esta herramienta, además, porque hay también un número creciente de especialistas que la aplican en sus consultas profesionales.

Mi intención es que la utilices, principalmente, para tu descubrimiento, para profundizar tu autoconocimiento.

LA ESENCIA GANA:
ES INIMITABLE, NO TIENE COMPETENCIA.

El «modelo de los eneagramas» es un aporte de Latinoamérica al mundo. Si bien hubo unas aproximaciones iniciales hace más de cien años, la estructura moderna, tal como es utilizada en nuestros tiempos, fue desarrollada por el trabajo independiente, pero aliado, de un boliviano, Óscar Ichazo, y de un chileno, Claudio Naranjo. Este último, con más de 30 obras publicadas, tuvo un impacto destacado en los Estados Unidos.

Acá me parece importante hacer un alto para recordarte que no existen fórmulas mágicas: ningún método va a darte las respuestas, su aporte es ayudarte a encontrarlas. Para evitar caer en esta y otras creencias erradas, ten siempre presente lo siguiente sobre los eneagramas:

- No son verdades absolutas: debes usarlos como una guía para reconocer y apreciar características que son comunes en algunos perfiles. Saber cuál es tu tipología no te va a sanar si no actúas para compensar las tendencias que podrían empujarte a tomar cierto tipo de decisiones.
- No somos robots: aunque corresponda con un grupo de conducta, nadie es la copia exacta de los perfiles descritos y tampoco lo es en todas las ocasiones. Lo que describen los eneagramas es una tendencia a comportarse de esa manera y una coincidencia en creencias y valores. Somos humanos y podemos realizar grandes cambios, especialmente cuando nos conocemos mejor. Siempre podemos reinterpretarnos y, con ello, redescribirnos.
- No te definen, solo te describen: clasificar en un grupo no te obliga a nada ni debes cambiar cosas para encajar en lo que la teoría describe. Tampoco sirve de nada fingir que eres diferente si no te gusta el grupo que te tocó.

LA VERDAD DUELE,

pero no deja cicatrices como las mentiras.

- No hay un eneatipo mejor que otro: ninguna tipología es mejor o peor que otra; son distintas, simplemente eso. Si en algún momento comienzas a sentir simpatía por unas o antipatía por otras, es posible que estés, sin saberlo, evocando figuras de tu vida que sientes descritas en esa tipología. Es natural que proyectes en cada una de ellas a una o varias personas que sientes que calzan con la descripción, y que juegues con el conjunto. Evítalo.
- No es un juego: esto es para ti. No pierdas el tiempo evaluando a otros porque, al final, aunque pudieras, sería poco lo que harías con eso. De nada sirve evaluar a una persona si no está dispuesta a cambiar. Seguro que al conocerte mejor, podrás saber cómo hacer mejores conexiones con los demás.
- No es un horóscopo: evita comenzar a justificar todas las acciones y decisiones de otros en función del grupo en el que tú creas que están —sin la prueba, no lo sabrás—; esta tarea es difícil, de allí que existan tantos libros que vinculen el modelo con aspectos de la vida cotidiana.
- No des nada por hecho: reflexiona. Una vez que revises el resultado de tu prueba, ten una larga conversación contigo y explora, con eventos reales, cuánto calzas en ella. Recuerda que esto lo hacemos para fortalecer nuestra inteligencia intrapersonal y avanzar en el proceso de inspiración que nos llevará a tu rugido.

Estas recomendaciones son válidas para todos los sistemas de clasificación de la personalidad. El ser humano es una creación divina y goza del don de la diversidad. Solo hay coincidencias, tendencias, similitudes. Dios no crea figuras en serie; de ocho, de doce ni de nueve modelos. El único número que nos interesa conocer es el uno: el de nuestro interior. El objeto de este estudio eres tú. Único e irrepetible.

MUCHA FUERZA SE NECESITA PARA **NO TEMERLES** **A NUESTRAS DEBILIDADES**.

Ahora sí, entremos en materia. El gráfico a continuación es el esquema de relaciones entre los nueve tipos de eneagramas.

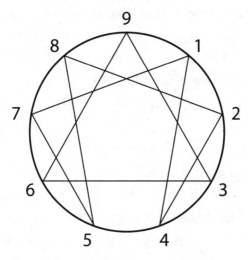

Cada uno de los números del gráfico representa un eneatipo, el cual está asociado a determinadas características de pensamiento, sentimiento y comportamiento. Las rayas que se desprenden de cada número señalan las relaciones de ese eneatipo con las tipologías «vecinas». Según esta teoría, las personas en un grupo pueden replicar actitudes de los eneatipos con los que está conectado el suyo. Por ejemplo, como se puede observar en el gráfico, las personas pertenecientes al eneatipo 8 podrían adquirir comportamientos del 5 o del 2, con los que está conectado, pero no llegaremos a este nivel de complejidad en este capítulo.

En muchos libros encontrarás que cada uno de los eneatipos recibe un nombre, pero yo prefiero referirme a ellos por su número. Al darles un título les colgamos un adjetivo, cuyo efecto puede generar un sesgo. Dado que algunos nombres pueden ser más atractivos que otros (triunfadores, perezosos, leales), podrías sugestionarte. Recordemos el poder intenso de las palabras cuando las usamos para interpretar la realidad.

Nuestro interés con esta herramienta es comprender de forma eficiente nuestras fortalezas y falencias en aspectos de nuestra vida. Identificar de dónde nacen estos patrones en tu comportamiento te ayudará a entender por qué repetimos algunos errores.

Es normal que cuando vayas descubriendo cada grupo, lo asocies con una persona que conozcas. Esta es una reacción muy común, pero debes manejarla con ciertos límites. Te pondré un ejemplo de por qué esta asociación puede jugar en tu contra: el comediante sudafricano Trevor Noah reveló en su espectáculo que él imita el acento de un país calcando la forma de hablar de alguno de sus amigos de ese lugar. Es decir, él imita a uno de sus amigos de Australia para representar a todos los australianos, aunque no todos hablen así. Su estrategia es tomar una muestra y generalizar. Él sabe muy bien que no todos suenan así. Cuando un australiano escucha su imitación dice: «Yo no hablo así», pero esta imitación funciona para todos los demás. Seguramente te sucede algo similar cuando imitan a alguien de tu país. Uso este ejemplo para que veas lo que puede suceder si decides ver a todos los miembros de un eneatipo con la referencia que tú crees que los representa. Puede que sea útil cuando estás conociendo el modelo, porque te servirá como una manera de recordar las características que describen a cada uno de ellos. Sin embargo, no todos los australianos o franceses hablan como los amigos de Noah, de la misma forma en que no todas las personas clasificadas en el eneagrama 6 se comportan como la persona con la que has asociado al grupo. Lo anterior se complica cuando la referencia que usas corresponde a quien te cae mal, porque se intensificarán los sesgos negativos.

La forma de conocer a cuál tipo pertenecemos se vincula a una serie de preguntas que debes responder. El modelo más popular contempla quince preguntas para cada tipo, lo que da un total de 135 preguntas, algo para lo que debes reservar tiempo. Hacerlo a la ligera no tiene sentido; perderás tiempo haciendo la prueba en vano, y perderás mucho más tiempo en tu proceso personal de autoconocimiento. Hazlo con serenidad, atención y amor.

NUNCA SALIMOS ILESOS DE LAS CONVERSACIONES CON NOSOTROS MISMOS.

Advierto que seré muy breve en la explicación de cada enea-tipo porque aún nos quedan muchos temas por abordar en este libro. Espero que esta información te apasione y que puedas profundizar en sus beneficios. Este tema puede llegar a ser tan amplio, que entre los libros más populares sobre la materia se encuentran algunos análisis por tipo; es decir, un libro entero sobre las características de solo uno de ellos.

Para simplificar el texto, usaré la letra «E» para referirme a los miembros de un grupo; por ejemplo, cuando use «E3», estaré hablando de una persona perteneciente al eneatipo 3.

ENEATIPO 1

Este perfil de personas suele ser rígido, con un concepto bien elevado de lo que, para ellos, está bien o mal. Tienen una tendencia a ser perfeccionistas en ciertos aspectos de su vida, a los que les dan gran importancia. Dentro de esta línea podría percibirse, a veces, un halo de superioridad.

Suelen ser particularmente severos consigo mismos y críticos agudos con los demás. Lo que los lleva, en muchos casos, a asumir el control de las cosas, incluso que no les corresponden. Suelen también estar más preocupados por las cosas que pueden salir mal que por aquellas que les permiten avanzar.

Son laboriosos y tienen conflicto con los puntos medios. Este puede ser uno de los motivos por los cuales a este tipo de perfiles les cuesta soltarse y disfrutar, aunque resultan pintorescos y divertidos cuando lo hacen.

Dos características de este grupo es que son propensos a sufrir episodios de ira y que los define la impaciencia. Esta tendencia al juicio constante no suele ser una buena receta para las relaciones sociales, especialmente cuando interactúan con perfiles que se sienten más agredidos por los comentarios de otros, a pesar de que viven en una autocrítica constante. Como podrás suponer, esta excesiva toma de control puede llevar a un recelo a ser evaluados, a aceptar la verdad de los otros y la dimensión de sus imperfecciones.

ENEATIPO 2

El segundo eneatipo es de fuerte conexión social. Muestra una inclinación constante a relacionarse con el otro desde la perspectiva de aquel. Vibra por lo regular en una resonancia de satisfacer al otro, de encontrar un espacio receptor en el otro, aunque no se lo hayan pedido.

Cuando yo era niño, había un compañero de la escuela que siempre tenía lápices de sobra en la cartuchera. Cada vez que alguno de nosotros olvidaba un lápiz y estaba expuesto al regaño de la maestra, él llegaba antes de que se lo pidieran y ofrecía uno de esos lápices sobrantes, y lo hacía con un gusto enorme. Pasados los años, entiendo que estaba frente a un E2 cabal.

Esta vocación constante a la entrega está acompañada de la espera inconsciente de una retribución, que no siempre llega. Estos comportamientos pueden acompañarse de una creencia: que entregan demasiado, y quien entrega demasiado suele esperar en igual proporción.

Se trata de personas que dan ayuda sin que se la pidan. La necesidad de ayudar los lleva a dar, algunas veces, pasos a donde no han sido invitados. Pueden dar tanto peso a las

DIME
DÓNDE
TE
DUELE,
**PARA
AMARTE
MÁS
AHÍ.**

necesidades de los demás, que les resulta complejo entender las suyas y, en consecuencia, les cuesta encontrarlas.

Son susceptibles a recibir heridas, debido a que les resulta difícil establecer límites a aquellos que pudieran tomar ventaja de su vocación de ayuda. Esto va causando heridas que profundizan aún más su necesidad de aprobación.

LO PEOR DE UN CORAZÓN GRANDE ES QUE ES MÁS FÁCIL GOLPERALO.

ENEATIPO 3

Me complacería que hubiera un E3 leyendo el libro en este momento, porque su motivación suele estar asociada con acciones que ellos sienten que los llevarán al éxito. Los miembros de cualquier otro grupo pueden leer para entretenerse o por el hábito de leer; esta no sería una conducta representativa del E3.

Muestran sólida confianza en sí mismos y se preocupan por ser eficientes, lo cual los empodera para pensar y actuar con fuerza de voluntad para entrar en contacto con lo que esperan en el futuro. Cuando manejan sus fortalezas con equilibrio, suelen ser productivos, perseverantes e inspirados.

Suelen ser personas ambiciosas, proactivas y motivadas al logro, pero esto también los lleva a darles particular importancia a los símbolos de estatus. Encuentran estimulante lo que tiene que ver con las *posesiones* y las *posiciones*. Lo anterior puede venir acompañado de un aura de competitividad que destaca esas medallas. La necesidad de comparación da un peso especial a las cosas que se ven o se demuestran.

Dado que la apreciación está medida por lo que consideran un logro, y esto no es más que una construcción social, acaban por darles prioridad a las cosas a las que otros dan importancia. Esta valoración proviene, como es lógico, de afuera, de lo que creen que los otros piensan sobre ellos.

Uno de los grandes problemas de esa dualidad de ejecución (interna) y valoración (externa) puede producir un choque interior, pues ese modelo los conduce a caer en un desprecio de lo que son sin aquello por lo que tanto se esfuerzan. La historia del emperador desnudo es la peor de sus pesadillas.

ENEATIPO 4

Este es un grupo que suele estar enfocado en su interior, motivo por el cual pueden ser considerados individualistas. Esa introspección la compensan con cierta sobrerreacción. Por eso pueden lucir como dramáticos o románticos, lo que no se limita al lado emocional, pues esta hipersensibilidad puede manifestarse también en su salud física y mental.

Son personas que se perciben a sí mismas como diferentes a quienes las rodean. Esta diferencia, o autoexclusión, hace que se vean como ajenas al entorno, y lo disfrutan y refuerzan con su comportamiento; incluso, como norma, lo reflejan en su aspecto físico y en sus gustos generales.

Exhiben inclinación por ser creativos. Lo anterior no quiere decir que todos los miembros de este grupo sean artistas ni que falten artistas en los otros eneatipos; significa, simplemente, que tienden a ser sensibles y creativos.

Esa combinación de ser introspectivos, exagerados y creativos es un arma de doble filo en lo referente a las relaciones interpersonales. Tienden a construir historias y a sobredimensionar ciertas sensaciones, lo que los expone a ser blanco de desilusiones, que aumentan sus heridas de abandono y de refugio en el individualismo. Al analizarlos, es relevante tomar en cuenta que las personas que se sienten incomprendidas también pueden tener dificultades para comprender a los demás.

Al insistir en que nadie los entiende, pueden ser los más reacios a aceptar su tipología. Los E4 que estén leyendo este párrafo pueden cuestionar cómo un modelo de personalidad puede sintetizar lo que ellos no han logrado resolver durante toda su vida. *¿Capisci?*

PARA QUE FLOREZCAMOS
NO ES NECESARIO
QUE SEA PRIMAVERA.

ENEATIPO 5

Si eras de esos niños que, en lugar de ir a jugar con los amigos del barrio, preferían estar en casa, buscando cosas en libros o haciendo experimentos con los insectos de tu jardín, entenderás el más destacable atributo de este grupo.

Se distinguen por tener una visión innovadora y un gusto por actividades complejas. Encuentran mayor atracción en

saber que en hacer, en conocer que en aplicar, y más placer conociendo detalles sobre el mar que echándose un chapuzón en él.

Ese conocimiento, esa pasión por lo abstracto, los mantiene un poco distantes de lo concreto, pero no pasan inad-
vertidos; tienen el impulso a demostrar cuánto saben, de una
forma similar a la que los E3 alardean de lo que han logrado
o de lo que poseen: una validación proveniente de una aprobación exterior, lo que condiciona, en gran medida, su desempeño social. Más que saber, para un E5 es importante que
los otros convaliden cuánto sabe él.

Su conocimiento —que, como hemos visto, es distinto a
la inteligencia— no se traduce, necesariamente, en destreza
emocional, sino que puede servir como escudo e interferen-
cia para poder realizar una conexión profunda con su lado
más sensible, lo que afecta su capacidad de comprender sentimientos, heridas y temores, pues por mucha preparación
que tengan, no será con teorías como los puedan entender.

Suelen ser reservados y limitar sus relaciones a círculos
estrechos, con los que se muestran espléndidos. Al exterior,
expresan aversión por lo afectivo, a pesar de ser tan depen-
dientes del contacto humano como todos los demás. Nunca
olvidemos que saber mucho no significa saber lo que es más
adecuado para nosotros.

ENEATIPO 6

Esta es una descripción compleja. Aquellos que calzan con
este grupo tienen una actitud defensiva y llena de cautela,
pero digna de recibir la confianza que se les da.

Suelen buscar apoyo externo para la toma de decisiones. Esa búsqueda es una señal de una potencial necesidad de encontrar seguridad en sí mismos. Dependen de aprobación externa cuando deben dar pasos indispensables para su crecimiento porque, aunque insistan en que gozan de buena autoconcepción, suelen dudar de cómo saldrán de aquello que no controlan. Esto se traduce en que se inclinan por pensar lo peor y que son particularmente susceptibles a los pensamientos catastróficos, lo que los convierte en organizados planificadores, pero no necesariamente ejecutores. Vivir enganchados en el modo «cauteloso» los invita a una procrastinación constante. Es normal que intenten prepararse de forma continua, pero esto no necesariamente los lleva a emprender las tareas que se comprometen a hacer. Sus heridas están principalmente asociadas al problema de la injusticia, y tienden a asumir posiciones heroicas en aquellos espacios disponibles.

¿Qué moviliza a una persona que siempre tiene presente la posibilidad del naufragio? Pues la tierra firme, porque hasta el mar en calma es un riesgo que hay que evitar. Perder el confort es algo de lo que no desean ni hablar. Buscan confirmar sus ideas entre quienes los rodean, por lo que aceptan de buena gana la autoridad y las directrices. Un ancla para mantenerse en tierra firme es contar con el apoyo y la guía de otros, por lo que hay un marcado temor de encontrarse en situaciones en las que no cuenten con el apoyo de referentes.

CREO EN LA LEALTAD
CUANDO NADIE TE ESTÁ MIRANDO.

ENEATIPO 7

Este grupo puede identificarse por concentrar personas enérgicas que no temen experimentar y asumir riesgos. Esta propensión explosiva tiene un lado de inconsistencia y dispersión de sus intereses.

Se pueden describir como «el alma de la fiesta». Viven en una actitud entusiasta que los lleva a disfrutar de las aventuras, no necesariamente a engancharse con ellas. Su propensión festiva y sus alegrías estruendosas pueden servir para evitar ciertas heridas. Por otro lado, enfocarse en lo inmediato los aleja de una conexión interna, para la cual hacen falta pausas y calmas.

Insisten en que otras personas se sumen a su «cruzada» de placeres, aunque para ello tengan que dejar de lado las formalidades y las etiquetas. Chocan con regularidad contra las posiciones pesimistas, e incluso las realistas.

La búsqueda constante de placeres no es una demostración de satisfacción interna, aunque podría dar esa impresión. Esa orientación lúdica no significa que vivan de viaje o en fiestas, sino que encausan la forma como realizan sus tareas y compromisos. Esperan la parte satisfactoria de las relaciones, del trabajo o del estudio, y cuando estos pierden ese carácter entretenido que suelen tener al inicio, los E7 pueden perder el interés y desengancharse. Esto es un problema porque todo, aun las cosas que más nos gustan, pasan por fases menos excitantes.

Este grupo rechaza establecer lazos con actividades que los hagan perder su libertad, y con esto me refiero a situaciones en las cuales lo que encuentren sea rutinario, monótono o arduo, aunque sean condiciones necesarias para lograr sus metas principales. De allí que es bastante probable que los miembros de este grupo sean gente ocupada, aunque no siempre constante.

ENEATIPO 8

Se tipifican como personas con alta orientación a ejercer autoridad y control. Suelen tener, de hecho, capacidades naturales para imponer esa soberanía que desean desplegar, pues gozan de recursos espontáneos.

Esa «fortaleza» no los hace invulnerables, aunque intenten proyectar una imagen dominante, por dentro son tan dóciles como todos los demás, pero esa insistencia cierra las esclusas de su represa emocional. No se les hace fácil mostrar apertura porque esto puede desvelar parte de esa fragilidad que ellos prefieren contener tras esa coraza que los hace sentir inconmovibles, aunque no lo sean.

Invierten buena parte de la energía que tienen en conquistar posiciones e imponer su visión, lo que los empuja a trabarse en discusiones y debates hasta en los asuntos más elementales. No conceden victorias con facilidad, especialmente en cuestiones intelectuales.

Del mismo modo en que están dispuestos a discutir por el más mínimo detalle, el instinto de poder que los configura los lleva a ser protectores de las personas sobre las que piensan o sienten que ejercen autoridad, ya que esta es una forma de demostrarla.

Al tiempo que son protectores, son particularmente recelosos de la posibilidad de una traición. Para quienes sienten

TE DISTE POR PERDIDO Y TE ENCONTRASTE EN DIOS

intensa necesidad de ejercer poder y mostrarse justicieros, la traición es lo peor que les puede ocurrir, porque implica una desacreditación de su autoridad, en la que hallan validación.

Muchos de los grandes personajes de la historia son arquetípicos de este eneatipo. Son notables los ejemplos de grandes líderes que han generado cambios trascendentes en las naciones donde han ejercido autoridad, y esto incluye a un gran número de figuras que han llevado a sus pueblos por los caminos del bien y, lamentablemente, del mal.

HAY PERSONAS QUE SE MOLESTAN CONTIGO **PORQUE TE QUIERES**.

ENEATIPO 9

No es gratis que en esto de los números este grupo sea el último. Esa es la posición que los E9 se dan: donde estén menos expuestos y exista mínima posibilidad de conflicto. Les cuesta resolver las confrontaciones y evitan a toda costa soportar el peso de un enfrentamiento.

Se destacan por desear tranquilidad, y no están dispuestos a cambiarla por una situación potencialmente tensa. Para evitar el conflicto tenderán a decir «sí», aunque prefieran decir «no».

«Si me anulo, no hay conflicto» sería una de las fórmulas con las que este grupo intenta resolver sus asuntos. Y suena lógico, pero no lo es. En realidad, solo evitan el conflicto con los demás, no el que tienen consigo mismos. Cada «guerra no luchada» pasa a ser una derrota acumulada. Es algo que se arrastra y cada vez pesa más.

Se pueden identificar como gente calmada, cordial, discreta. Esta cautela no es solo en lo superficial; en lo interior se comportan más o menos igual porque les cuesta reflexionar. El hecho de que puedan ser un poco cohibidos en su expresión y que entreguen control con alguna frecuencia, no implica que creen distancias afectivas. Buena parte del perfil de este eneatipo está compuesto por personas empáticas y que sintonizan en lo emocional con cierta facilidad. En efecto, la norma es que muestren destrezas para interpretar lo que otros sienten, aunque esto no sea igual para descifrar lo que los mueve por dentro. En todo caso, vivir en una cesión constante también genera distorsiones en la comunicación, y ninguna relación desequilibrada puede ser fructífera.

Luego de esta breve descripción de los eneatipos, tienes una tarea importante: hacer una encuesta de eneagramas para identificar tu tipo de personalidad predominante. Para esto, ve a www.rugelibro.danielhabif.com y utiliza la herramienta que he dejado para ti. Tómate tu tiempo para realizar la tarea, que será importante en tu desempeño futuro. Responde con la mayor honestidad posible y no busques dar respuestas con la intención de quedar en un eneatipo en particular. Recuerda lo que hemos dicho sobre los instrumentos matemáticos: están desarrollados únicamente para cumplir con las especificaciones del modelo. Si respondes lo que te gustaría, no lo que sucede, esta encuesta no servirá de nada, ya que no podrás confiar en sus revelaciones.

Cuando tengas el resultado, analiza con quietud y reflexiona si sientes que te calza. Piensa, especialmente, en los aspectos positivos y en las motivaciones. La identidad de una persona está compuesta de las cosas «buenas» y «malas»; es decir, equilibrios frente a deficiencias y excesos.

Haz este ejercicio para ti, no pierdas energías poniendo etiquetas entre la gente de tu vida hasta que finalices de internalizar lo que esto significa para tu proceso. No anticipes qué tipo es una persona por solo ver un par de conductas, recuerda lo que he dicho antes: no somos robots. Hacer una evaluación precipitada no será más que ver a través de tus prejuicios. Si la desarrollas con seriedad, verás que uno de los mayores beneficios de esta herramienta tiene que ver con las relaciones entre los diferentes tipos.

———————————— × ————————————

Quizás te preguntes qué relación existe entre conocer tu perfil personal con la posibilidad de acumular el poder de un rugido. La respuesta está en que el autoconocimiento viene a ser un paso esencial para entender dónde pueden originarse las limitaciones que no te han permitido emerger, o que han limitado tu progreso. Del mismo modo, en ellas encontrarás un punto de partida para conocer el origen de esos patrones que repites y repites sin comprender por qué.

UN OSCAR
PARA MI INTUICIÓN.

Haz estos viajes internos, mírate en estos espejos, de ser posible con ayuda profesional, que te ofrecerá ayuda para identificar con mayor rapidez esos aspectos que debes desafiar. Hacer autoevaluaciones sistemáticas, vernos con disciplina, es un paso para comprender la forma en la que pensamos, sentimos y actuamos. Ese es el punto de partida para un reajuste, es llenar el pecho con la potencia de estallar.

HERIDAS

Aceptar realidades es una de las tareas más demandantes que puede enfrentar un ser humano; pero si no lo haces, perderás el punto de partida en el avance hacia tus metas. Muchas veces optamos por quedarnos donde más sufrimos. Aunque la alternativa de movernos es lógica, desconocemos qué nos hace resistir, quedándonos inmóviles, situaciones que nos hacen daño sin ningún intento por defendernos.

Luego de analizar el resultado de los eneagramas, podrías preguntarte por qué caes en un segmento y no en otro; es posible que sientas que tu historia de vida y el tipo de educación que has recibido deberían ponerte en un eneatipo distinto al que mejor describe tu conducta. Esa inconsistencia te desorienta, pero más adelante hablaremos de ello. Recuerda: cuando te comparas, te deformas.

Podemos hallar la explicación en las heridas que acumulamos y que muchas veces ignoramos tener. Descubrir e identificar la herida es parte fundamental de su curación. Hemos hablado de identificar nuestro estilo de personalidad, pero algunas veces esas tendencias por demostrar lo que se tiene o lo que se sabe, esa necesidad de ejercer autoridad, o de ser complaciente, son una forma de intentar ocultar las cicatrices que nuestras heridas han dejado. Comprender cómo las marcas influencian lo que somos explica, muchas veces, si la personalidad es un intento por reafirmarlas o una tentativa de huir de ellas.

Acumulamos cicatrices desde nuestro nacimiento (varios autores afirman, incluso, que desde antes de nacer). En los primeros seis años de vida se van formando las grietas que van resquebrajando el alma. Desde hace más de cuatro décadas la autora Lise Bourbeau se ha referido a cinco heridas principales: rechazo, abandono, humillación, traición e injusticia. Según Bourbeau, estas definen nuestro diálogo interno en lo que tiene que ver con los juicios que hacemos, pero, especialmente con los juicios que *nos* hacemos. Esta teoría tiene una amplia aceptación y se aplica de forma extendida en todo el mundo.

Si una persona vive afectada por alguna de sus heridas, habrá miedos, cavilaciones y emociones fuertemente asociadas a esta. Si tomamos como ejemplo la herida del rechazo —que en muchos casos se genera en los primeros meses de vida—, esta servirá como un molde en el que se formará una parte de los conceptos de autoestima, satisfacción e interpretación de las relaciones interpersonales. La herida del rechazo no será el único componente que defina esos conceptos, habrá otros factores y experiencias que te ayuden a moldear tu imagen, pero su contribución será rotunda si no decides tomar acciones para sanarla.

Las marcas que una herida deja en ti pueden minimizarse con hábitos adecuados y autorreflexiones frecuentes, pero si le entregas poder, si el peso que tiene en tu formación de la realidad es demasiado alto, las apreciaciones llegarán devaluadas: baja estimación propia, vergüenza y una comparación que tenderá a ser insatisfactoria.

LAS HERIDAS TIENEN OJOS, PERO NO MIRES CON ESOS, SINO CON LOS QUE TIENES EN EL ALMA.

Te pondré un ejemplo de cómo opera lo anterior con un caso reciente, una de esas ocasiones cuando la vida parece estar escribiendo una comedia. Una persona cercana pidió hablar conmigo, necesitaba mi consejo; algo que se me ha convertido en uno de los gajes el oficio, pero que asumo con enorme gusto. Cuando conversamos, me arroja, sin preámbulos, que llevaba un romance fuera de su matrimonio y que esa situación lo atormentaba porque, aunque deseaba comenzar una relación estable con esa otra persona, no se atrevía a dejar a su esposa, considerando todo el sufrimiento que eso les causaría a ella y al resto de su familia.

Como justificación se aferraba principalmente al miedo de lo que pudiera decir su entorno, cómo se lo tomarían sus hijos y que su esposa sufriera demasiado.

Llegó entonces el momento de hacerle varias preguntas, pero también de que él respondiera, y se respondiera a sí mismo, ciertas verdades medulares. Lo que él había tomado como una sesión de limpieza interna, de alivio de la culpa, yo lo utilicé para explorar sus razones. Aquel encuentro, que sería solo un café, duró varias horas, y tras muchas preguntas, cada vez más profundas, hallamos una pequeña luz entre tanta oscuridad, y dimos con el motivo verdadero que le impedía actuar: tenía miedo de que su esposa y sus hijos siguieran siendo felices sin él o, mucho peor, con alguien más. Estaba atrapado en una absurda necesidad de aprobación. No iba a soportar ser comparado y perder en esa comparación. Su herida de rechazo lo llevaba a huir del problema y a quedarse atado a una realidad que lo hacía infeliz.

Aquel conquistador que, benevolente, renunciaba a su felicidad para que otros no sintieran dolor, estaba más bien atrapado en el miedo de que su partida significara algo provechoso para quien él había dicho que «había dejado de amar». Su ego le tejió una red donde había quedado atrapado porque no era feliz con su relación, pero no se atrevía a partir porque si su esposa no sufría, su concepto de sí mismo sería insatisfactorio. Si ella rehacía su vida, él terminaría siendo prescindible. En fin: no era capaz de someterse a la prueba de ser lo que su ego le había hecho creer.

Sé que lo dije algunos párrafos atrás, pero deseo repetirlo: aceptar realidades como esta es una tarea extremadamente ardua. No me cansaré de repetir que la verdad duele, pero libera. Negar que inspirar implica sanar nuestras heridas es como querer curarnos de un cáncer sin permitir que los médicos estudien el tumor. Ese es el profundo motivo por el cual debemos comenzar por conocernos.

 ## MÁSCARAS

Las heridas pueden condicionar ciertas conductas y transformarlas de tal manera que pasan a formar parte integral de nosotros. Vale la pena aclarar que estas no necesaria-mente son producidas por eventos concretos, sino por la manera como los interpretamos.

Sé que es posible que tú creas que no has «sufrido» una herida en particular. Sin embargo, hay algunas, como la lesión del abandono, que se forman, según la teoría, en los primeros años de vida. Quizás en tu temprana infancia no tuviste motivos para sentir abandono; tuviste unos padres amorosos que estuvieron contigo, por lo que te resistes a aceptar que has acumulado alguna herida. Pero el asunto tiene que ver no solo con lo que tus padres hicieron, sino en cómo interpretaste sus acciones. Hay personas que fueron abandonadas, física o emocionalmente, pero existen también quienes acumulan heridas debido a que sus padres estuvieron lejos por responsabilidades laborales o que eran distantes en las expresiones afectivas e, incluso, por la muerte; estas circunstancias se cuelan por el filtro que configura nuestras heridas y que sirve de pincel para definir nuestra personalidad. No todos los que sufrieron abandono, en el sentido estricto de la palabra, arrastran con lesiones emocionales tan graves.

La gente dirá cosas como «yo no pude ser herido por mi madre, porque no tuve», como si una ausencia no fuera un acto suficientemente violento como para herirte. La desgarradura puede estar ahí, aunque esa ausencia haya sido involuntaria, incluso si la persona ausente fue amorosa durante el tiempo que compartió con nosotros.

Por un lado, está el asunto de la figura que elegimos para ocupar el papel de otra ausente. Muchas personas que no crecieron con su padre resaltan «no tener» figura paterna, pero a las edades en que nuestras heridas se forman, esta no es una opción que sea demasiado fácil de tomar. Sin saberlo, escogemos a otros para que ocupen ese lugar, y su influencia marca un trazo definitivo sobre nosotros: abuelos, tíos o padres de otros niños.

Así como hemos visto con el anterior ejemplo de la herida de abandono, la construcción y la asimilación de las heridas, aunque se producen en todos los casos, no necesitan el mismo origen, de allí que dos personas con los mismos estímulos puedan responder de forma totalmente distinta. Un padre amoroso y consecuente puede venir, indistintamente, tanto de un hogar armonioso, como de uno destruido. No sabemos cómo se fueron creando las heridas que intoxican nuestro ego, y este es el director de la orquesta de nuestras principales acciones.

EN OCASIONES
LA OSCURIDAD REVELA
VERDADES **QUE A LA LUZ
NO SE PUEDEN VER**.

Cada uno de nosotros piensa que sus angustias son universos propios, cuando en realidad abundan las coincidencias. Por ese motivo, Bourbeau, de quien hablamos antes, sintetiza las respuestas que cada persona da a sus heridas usando la idea de que estas llevan a patrones de conducta que nos permiten identificarlas. La teoría propone que para cada una de las heridas se produce una respuesta primaria, que lleva el nombre de «máscara», y que es un mecanismo de compensación que utilizan las personas para sobrellevar los daños.

Recordemos el caso del hombre que estaba viviendo la infidelidad y que descubrió que su miedo más profundo era no ser necesario para su familia. A raíz de toda nuestra conversación, me es posible afirmar que él padece la herida del rechazo, la cual viene de una interpretación de no cumplir con los requisitos necesarios para ser amado. Cargar con esa herida puede generar una fuerza de reacción a las evaluaciones negativas y a la crítica. La búsqueda de aprobación y reconocimiento puede llevar a quienes cargan con esta herida a tropezar repetidamente con la misma piedra o a pensar que las piedras son las que tropiezan con ellos. Quieren adhesión, pero no saben cómo manejar el exceso de atención, y eso los lleva a tomar una actitud evasiva, razón por la que su máscara es la «huida».

Pero los problemas que se desprenden de esta herida no se limitan solo al escenario de las relaciones. Esta disposición a desechar la crítica, buscar una aprobación en todos los sentidos y evitar cualquier situación de ser evaluado se repetirá en todas sus actividades. El mayor problema es que estas conductas pueden socavar otros aspectos de su vida, como impedirle asumir nuevas posiciones, cultivar amistades o cambiar de funciones.

¿Te imaginas los celos que puede sentir una persona cuyas heridas le impiden ser feliz por no soportar que otro sea feliz en su ausencia? ¿Cuánto miedo a morir puede haber en estos casos?

Como él, cada uno de nosotros tiene sus heridas. Algunos las tienen tan a flote que es imposible ponerlas por separado; para otros, encontrarlas requiere trabajo. Por eso, en la siguiente tabla, basada en el planteamiento de Lise Bourbeau, te presento las máscaras de las heridas tipificadas, con el fin de que puedas identificar con mayor facilidad si padeces alguna.

Herida	Máscara
Rechazo	Huida
Abandono	Dependencia
Humillación	Masoquismo
Traición	Control
Injusticia	Rigidez

El ego puede alimentarte de mentiras para evitar que pases por procesos de dolor. El punto es que el ego es tan endeble en sí mismo, que no hay más remedio que tratarlo como a un niño. Simplemente tiene miedo de que te humillen, te maltraten o te abandonen, pero es torpe y suele llevarse por delante lo que se le atraviese.

Volvemos a la importancia del autoconocimiento, para explorar si cumplimos con patrones preestablecidos que nos

TU
ALMA
DICE
QUE
TU
EGO
ES
EL
QUE
TIENE
MIEDO.

permitan identificar nuestras dolencias más profundas. Varias de estas respuestas son mucho más claras cuando utilizamos herramientas de autoevaluación, como los eneagramas que ya hemos visto. Volvamos a ellos para analizar, ya no sus descripciones, sino las principales corrientes que, dentro de ellos, nos llevan a mares turbulentos.

CONDUCTAS QUE CONGELAN

Espero que para este momento hayas adelantado la prueba que sugerí en la página 68 y que ya conozcas tu eneatipo, según la encuesta que se encuentra en la página de apoyo de este libro (www.rugelibro.danielhabif.com).

Supongo que, tal como te lo recomendé, analizaste cada pregunta con dedicación y respondiste con total honestidad. Luego leíste los resultados y los comparaste con tus motivaciones internas. Espero que las descripciones respondan a tus deseos, a tus temores y a la forma como te relacionas con los demás. Si no lo has hecho aún, interrumpe la lectura por un momento y tómate el tiempo de hacerlo antes de avanzar.

ME SOBRA LA LUZ PORQUE **NO BUSCO HACERLE SOMBRA A NADIE**.

Esta nueva perspectiva, enlazada con el conocimiento sobre las heridas y las máscaras que usamos para ocultarlas, sirve de arsenal para entrar al combate interno de poder conocernos hasta llegar a reconocernos. Con esta información, pasaremos a evaluar cada uno de los eneagramas desde la perspectiva de esas conductas que nos impiden poder avanzar en el objetivo de lograr nuestros sueños.

CONDUCTAS QUE ESTANCAN AL ENEATIPO 1

Al ser perfeccionistas, tienden a ser críticos y con ganas de recomponer las cosas que otros han hecho. Eternos insatisfechos; la perfección es otra forma de huir de sí mismos. En lo emocional suelen estar más enfocados en lo que sienten que deben hacer que en aquello que les dicta su corazón, con todas las consecuencias que causa tomar esa dirección. Su manía crítica conlleva un «autojuicio» en el que su ego no deja de decir: «Si fuera tú, lo hubiera hecho así…». Esto los hace sentirse incomprendidos. El cambio se les hace complejo porque terminan echando por la borda el esfuerzo acumulado. El ego saca la cuenta de que admitir errores o cambiar de rumbo es una pérdida: «Si lo haces, todos verán tus costuras». La tarea es, como siempre, convencerlo de lo contrario. Su mayor miedo es que se le vean los hilos y las costuras.

CONDUCTAS QUE ESTANCAN AL ENEATIPO 2

Aunque no lo consideran en lo interno, esperan reciprocidad por lo que hacen. Dejan abierta una deuda. Deben convencerse de que la retribución no es la única forma de hallar valor. Se les dificulta hacer cosas para sí mismos, sin que esto resulte en un conflicto interno, y con esto tomar decisiones trascendentes que impliquen decepcionar a otras personas, como una madre que decide no estudiar por las noches porque antepone lo que tiene que dar. Esperan, infructuosamente, el reconocimiento, porque insisten en valorar lo que se entrega con una nota de cambio que nadie conoce y que muchas veces no llega. Son esclavos de un vacío.

CONDUCTAS QUE ESTANCAN AL ENEATIPO 3

Cuando se insiste en percibir valoración propia por lo que se tiene o lo que se logra, en lugar de por lo que se desea o se siente, se producen bloqueos, especialmente en las decisiones que tienen que ver con temas más íntimos. Se mantiene latente una tendencia a evitar ser vistos como son; con ello, se activa la posibilidad de proyectar imágenes distorsionadas y caer en una pérdida de autenticidad. Les costará abandonar espacios donde se destaquen, lo que puede congelarlos en entornos de mediocridad. Podrían cerrarse a alternativas, a explorar opciones donde sientan que las comparaciones pueden ser desfavorables. El ego les repite «eres lo que logras», pero hay que convencerlos de que hay mucho más valor en ser.

CONDUCTAS QUE ESTANCAN AL ENEATIPO 4

Los define la hipersensibilidad y terminan por formar costras. Puede suceder que tengan resistencia a interrelacionarse con personas que hagan realidad sus peores perspectivas. Podrían vivir en reflexión continua, siempre viéndose hacia dentro y en constante autocrítica. Se les hace complejo exponerse y abrirse por completo, ya que podrían ser incomprendidos. La sobrerreacción incrementa esa sensación. Comprensiblemente, lo anterior aumenta su dependencia de las personas con las que tienen confianza, y eso puede significar aflicciones. Se puede decir que el gran reto es convencer a su ego de disfrutar lo que tienen, aun cuando las experiencias no resulten tal como ellos las esperaban. La sombra del abandono puede mantenerlos atados a situaciones que les causan enorme dolor.

CONDUCTAS QUE ESTANCAN AL ENEATIPO 5

Son personas que rehuirán de grupos grandes, especialmente si su pensamiento queda en silencio, si pasa a ser irrelevante o si nadie los escucha. Pensarán varias veces antes de dar pasos que los pongan en situaciones donde tengan que expresar sus sentimientos; pues su ego considera como riesgosa su dependencia de las emociones. Esto afectará su toma de decisiones, porque sus modelos de pensamiento inventarán mil excusas para evitar dar pasos que los pongan en tales situaciones, como en aquellas en las que puedan encontrar personas que sepan más que ellos. Se justifican diciendo que no quieren ser expuestos, cuando lo que evitan es ser comparados. Los nuevos entornos o las situaciones donde se sienten cómodos les resultan ideales.

CONDUCTAS QUE ESTANCAN AL ENEATIPO 6

Estos grupos son particularmente susceptibles a los pensamientos catastróficos. Hasta cuando las cosas van por buen camino, pueden encontrar una razón para retroceder en sus intenciones.

Su desconfianza los lleva a navegar por mares tranquilos, lejos de las tempestades emocionales; muchas de sus decisiones son abortadas por este motivo. Lesionan con frecuencia su juicio, buscando aval en las personas que los rodean. Traiciones, rechazos, conflictos o abandonos son los vendavales que más desean evitar, pero entre todos hay uno que les causa un pavor particular: encontrarse en situaciones de soledad. Son muchos los errores que se cometen por este motivo.

CONDUCTAS QUE ESTANCAN AL ENEATIPO 7

Para este grupo es difícil entrar en situaciones de las que no puedan salir con facilidad, en las que pierdan la amplitud de alternativas. Piensan tanto en lo que pueden perder que no dedican tiempo a evaluar las oportunidades de ganar. Abandonarán si sienten que están próximos a perder libertad, caer en procesos rutinarios, monótonos o demandantes; todas estas, condiciones necesarias para lograr buena parte de sus objetivos. Pueden estar siempre ocupados, lo que no significa que sean personas constantes, y tanto ruido a su alrededor les impide poder escucharse a sí mismos y aceptar que las metas implican, sobre todo al principio, cierta dosis de incomodidad.

CONDUCTAS QUE ESTANCAN AL ENEATIPO 8

Son personas a quienes se les complican las decisiones que exigen una apertura, porque desvelan parte de esa fragilidad que ellos prefieren contener tras esa coraza que los hace sentir poderosos, aunque no lo sean. Su ego los ha convencido de que poner sus emociones de lado los ayuda a demostrar autoridad. Se sienten incómodos en situaciones en las cuales consideran que pueden perder poder. Ponen su apremio por proteger por encima de otras necesidades que puedan tener, como la amistad, el apoyo o la compañía. Deben autoconvencerse de que decidir no estar al frente; es, también, una demostración de fortaleza.

CONDUCTAS QUE ESTANCAN AL ENEATIPO 9

Uno de los grandes retos de este grupo es asumir que para lograr lo que desean deben someterse a sufrir tropiezos. No es posible tomar decisiones sin esperar que los haya. Creen que lo que piensan, lo que hacen o lo que aportan no es importante, por lo tanto, aunque les llame la atención actuar, o dar un paso adelante, consideran posible el rechazo o la humillación. El mensaje interno debe apuntar al compromiso individual, a un análisis de cómo fueron los resultados en las últimas ocasiones, cuando optar por la sumisión no les generó ganancias.

Con la redefinición de tus talentos y la identificación de las tendencias que te pueden estar anclando, inicias un proceso de búsqueda interna en el que puede cambiar el curso de tu destino, si tú lo deseas. En el camino podrás elegir entre miles de proposiciones psicológicas, académicas o místicas que justificarán por qué las cosas no han salido como deseas, pero ninguna de ellas tiene más peso que lo que eres capaz de hacer. No importa si has cometido errores vinculados a una tipología psicológica o una predestinación esotérica, ante ellas debes anteponer tu capacidad, porque no hay realidad más contundente que la que surge de tus acciones.

LA VISTA ES
RECONOCER AQUELLO
QUE AMAS ANTES DE
PODERLO VER.

Mi vida tiene varios propósitos, y uno de ellos es auxiliarte para que derribes los obstáculos que te impiden avanzar en un nuevo camino.

AUTENTICIDAD
Y CONSISTENCIA

Las heridas acumuladas estructuran la gramática del idioma de nuestro ego, a través del cual comprendemos la realidad; cuando la confrontamos con los patrones de nuestras conductas vemos que las piezas encajan, sin esfuerzo, en vacíos que nos empeñamos en llenar con «verdades» que solo existían en nuestra mente, en la visión prejuiciada que tenemos de nosotros mismos.

Esa incompatibilidad entre las piezas que hemos construido durante años y la evaluación de nuestros deseos y temores aumenta la utilidad de hacer autoevaluaciones profundas de nosotros mismos.

Algunos de los conflictos que arrastramos tienen que ver con una ruptura entre los conceptos internos y los compor-

85

ANDO
BUSCANDO
**TODAS
LAS PROMESAS
QUE
NOS
HICIMOS.**

tamientos recurrentes. Necesitamos mostrar consistencia, y nos produce enorme incomodidad no tenerla. Conocer nuestra tipología es un mecanismo que puede llevarnos a conciliar la imagen propia con las actitudes que nos llevan a contradecirla.

Varias teorías psicológicas sugieren que los seres humanos necesitamos ser consistentes en la vida, es decir, que nuestros actos y acciones tienen una natural búsqueda de coherencia de la cual depende, en cierta medida, la sensación de estabilidad. Según esta perspectiva, buena parte del comportamiento humano busca, de forma natural y sin que sea afectada por el entorno, condiciones de consistencia interna. Esto, incluso, nos puede llevar a reescribir completamente la información que recibimos, la motivación de nuestro comportamiento y hasta cómo recordamos nuestro propio pasado.

HAY GOLPES QUE NO PUEDO DAR, POR ESO LOS ESCRIBO.

Sé que suena excelente decir que eres alguien consistente; es algo que puedes escribir con orgullo en tu currículo laboral, pero algunas veces los grandes cambios se logran al cuestionar lo que jamás cuestionamos, por eso es bueno preguntarnos si es positivo persistir en hacer aquello que nos aleja de lo que queremos ser. Yo conozco decenas de personas que se han querido vestir de intelectuales, y para los que sería «inconsistente» realizar actividades que ellos consideran «superficiales», aun cuando estas puedan terminar con las vidas solitarias que no siempre admiten que desean cambiar. Ese deseo de coherencia es el primer obstáculo que necesitan enfrentar. Este es un ejemplo bastante simple, sé que conoces varios similares.

En ningún momento intento decir que una persona debe tener un comportamiento errático, o que no debe ser consistente entre lo que ofrece y lo que entrega. Lo que quiero decir es que esa búsqueda de cumplir, al precio que sea, con la imagen que hemos creado de nosotros mismos puede convertirse en una máscara que nos tapa la vista de lo que queremos ser en realidad.

Conocernos a nosotros mismos, vernos sin la intermediación de nuestro ego, nos permite reconciliar lo que somos con la imagen distorsionada de lo que creemos ser. Sufrimos con tanta intensidad porque pensamos que las cosas deberían ser como nuestro ego supone que deben ser. Estamos tan apegados a nuestros puntos de vista que si tan solo lográramos alejarnos mínimamente con cierto grado de objetividad, muchas de nuestras ideas egocéntricas nos harían sentir repulsión y vergüenza.

Esta visión de la consistencia no implica que debes dejar de lado la honestidad, la integridad o la espontaneidad, porque este asunto tiene que ver con los comportamientos y las creencias que definen la imagen que te has impuesto. Sé que podrías decir que lo haces por ti, que proviene de ti, pero eso puede ser puesto en duda por el hecho de que solo podemos ser «consistentes» si los demás así lo perciben. Si el día de mañana viajas a un lugar donde nadie te conoce, y te comportas de una manera distinta a la que acostumbras, nadie lo notaría, y no sentirías un conflicto interno.

La consistencia no solo tiene que ver con las cosas que haces, sino también con las que piensas, de forma que un cambio en tus creencias profundas se convierte en una ruptura trascendente. La idea es alejarte de caer en ese pozo conocido como «disonancia», y que seguramente has encontrado en mis anteriores libros o en mis videos. La disonancia es esa situación en la que nuestras conductas no corresponden con nuestras creencias ni con nuestro discurso.

La primera verdad que debes retar, en ese caso, es la de si buscas consistencia por ti o por lo que otros piden de ti, por cómo te perciben. Le damos gran valor a este atributo porque hemos educado a nuestro entorno con un guion del personaje que interpretamos, no del que somos. El personaje se comió a la persona.

Supón que estás en un ambiente cotidiano, pero en el que nadie te conoce. Por ejemplo, estás en el trabajo, pero todos tus compañeros son personas que aún no tienen ningún concepto sobre ti. Ahora reflexiona: ¿cambiarías algo en tu forma de actuar?, ¿hay alguna situación de la que te liberarías?

Piensa las diferencias entre tu comportamiento en ese caso y el actual. Si hay cambios que deseas hacer, ¿por qué no los has hecho?, ¿buscas ser consistente?, ¿tienes miedo de que cambie la manera como te perciben?

—————————×—————————

Es importante que no confundas la consistencia con la autenticidad, ambas son necesidades intrínsecas del ser humano, cercanas, pero no idénticas. La primera tiende a llevarnos a nuestras creencias y actitudes; la segunda, a nuestra identidad. Distintas, pero esenciales para nuestras relaciones con los demás, porque la gente necesita tener una orientación general de cómo pensamos, pero también necesita saber que interactúa con alguien que es quien dice ser.

LA VIDA SIEMPRE TE DARÁ NUEVAS OPORTUNIDADES (PARA VOLVER A EQUIVOCARTE).

Así como los eneagramas describen la forma como nos relacionamos con los demás, la consistencia y la autenticidad son realidades que se enmarcan en nuestras interacciones con los otros. Cuando logramos cambiar nuestra conducta para encaminarnos a lo que deseamos, vale la pena crear una renovada consistencia; quebramos la que tenemos por una nueva, pero el paso más amplio lo damos cuando nuestro cambio tiene como destino lo que Dios tiene para nosotros.

VERGÜENZA Y CULPA

Existen dos conceptos que muchas veces confundimos en el habla cotidiana: la vergüenza y la culpa. Ambas son emociones. La primera de estas, la vergüenza, tiene una relación interna con nuestro ser, con lo que somos más que con lo que hacemos. Normalmente, la vergüenza proviene de una comparación que hacemos de nuestras acciones o nuestras condiciones en relación con la de otros, pero la activación está basada en la visión propia. La culpa está más asociada al resultado de nuestros actos. Es una diferencia de lo que somos con lo que hacemos.

La vergüenza se vuelve una víbora dentro de nosotros cuando su veneno penetra para convertirnos en seres que se esconden de los demás. Este ocultamiento no solo puede darse con timidez, retraimiento o bochorno constante, sino que también se produce a través de la mentira, de una versión desfigurada de lo que somos, para así escondernos donde nadie nos buscaría: justo donde estamos. Este ocultamiento puede funcionar con los demás, pero no tendría ningún efecto para quien nos ve desde el espejo, a quien también intentamos engañar.

Una vergüenza desbordada arrasa la dicha de ser quienes somos, deteriora la relación con nosotros mismos y borra el rastro de los caminos que nos hemos trazado, hundiéndolos en el fango de la autocompasión, la apatía y la cobardía compulsiva. No podemos apostar por nosotros mismos si nos creemos perdedores.

Debemos trazar límites al yugo que nos impone esta emoción porque, de alguna manera, la presión de la sociedad puede obligarnos a sentir menosprecio por lo que somos, no porque hayamos hecho algo malo o porque nuestro comportamiento haya sido inadecuado, sino porque chocamos con las normas que se han establecido. No podemos dejar que otros nos condenen por nuestro pasado, solo porque nuestro presente es mejor que el de ellos. Son muchas las heridas que pueden cau-

PREFIERO REPARAR QUE REEMPLAZAR

sarse de una situación que nos hace sentir desencajados, pasajeros de segunda clase en la vida. Y esa realidad continúa sucediendo con respecto a los temas económicos y educativos. Los centinelas de la moral siguen mojando las esponjas en vinagre para irritar las lesiones de los nuevos condenados.

ME DEJARON DE SEGUIR POR HEREJE LOS QUE SE SIENTEN SANTOS. ¿QUÉ HACEN ESTOS «LIMPIOS» LEYENDO A ALGUIEN TAN SUCIO COMO YO?

Pensar constantemente en el filtro con el que te miran te somete de forma permanente a la culpa y te roba la oportunidad de disfrutar de tu vida al no poder gozar de ser quien eres. Hace tiempo dejó de ser relevante lo que otros piensen de ti. Vivir con la obsesión de poder encajar en la aprobación hundirá tu atrevimiento en el pantano de las normas que no cumpliste. La vergüenza te lleva a pensar, de antemano, que la autenticidad será una limitación para gustarle a las personas. Necesitas sentirte integrado con aquello que se aprueba desde los grupos a los que diste el poder de dictar las reglas; salirte de sus órbitas, aunque no sean naturales para ti, atenta contra la identidad que has creado. Ellos solo te quieren mientras seas como ellos quieren.

SOLO LA CULPA

La culpa suele desinflarnos antes del rugido. Suele venir acompañada con una necesidad de reparación, aunque esta no se produzca de la forma adecuada. Me pre-gunto: ¿es esta una de sus caras positivas?, ¿quién no ha reflexionado sobre ella? Todos buscan expiarla, ya sea desde la religión, la filosofía, la justicia, la historia, la antropología, la psicología o la poesía. Es hija de todas estas reflexiones, es gestada por el amor y por el odio.

De la culpa nacieron ritos, meditaciones, plegarias, dogmas, clamores, sacrificios y penitencias. ¿Existe el perdón sin culpa? Por el mundo se escuchan murmullos incesantes que dicen: «Es mi culpa», «Es su culpa», «No fue mi culpa». ¿Acaso eso nos produce consuelo?

De forma natural sentimos culpa cuando hacemos algo que creemos que está mal, cuando le hacemos daño a alguien, cuando caminamos en sentido contrario a nuestros valores, cuando nos rendimos ante aquello que prometimos evitar. Sentimos culpa por la mentira, las traiciones, la negligencia o la impiedad. Y tiene sentido que la sintamos por todo ello. Pero también hay quienes sienten culpa por situaciones que se salen de su control, como el divorcio de los padres o la desventura de un amigo, o incluso porque les ocurren cosas buenas, como ser felices o salir bien en la prueba en la que otros fracasaron. Cargamos con culpas dolorosas, como no haber podido hacer nada por un ser querido que se quitó la vida.

CRISTO NOS LIMPIÓ DE CULPAS, Y **NOSOTROS LIMPIAMOS A NUESTRAS CULPAS DE CRISTO**.

La culpa no duele, pero lastima; no produce miedo, pero nos hace huir; sucedió en el pasado, pero no deja de estar presente. A veces pienso que llevamos en los genes la culpa que sintieron Adán y Eva, esa vergüenza que, como la humedad, se ha colado en toda la sociedad. Es como si fuera un órgano que los humanos no se pueden extirpar, una brújula que nos orienta, una marca que solo borra el recibimiento genuino de Cristo. ¿No fue Él quien transformó el peso de nuestras culpas, pagando por adelantado todo arrepentimiento?

¿Puedo encontrarme en aquello que me hace sentir culpa? ¿Acaso vigila lo que me imposibilita el paso a mi inconsciente, protegiéndome de la verdad que no deseo aceptar? Ha levantado un muro precisamente en medio de nuestra frágil libertad. ¿Qué hacer con la culpa que teje la sociedad y que se llega a sentir por nacer con dones, talentos o privilegios?

La culpa puede ser un camino de autoaprendizaje, pero es necesario superarla, porque si la dejamos crecer, producirá un cáncer en las entrañas de nuestra percepción interna. Como hemos dicho, sentir culpa nos lleva a una condición constante en la que buscamos compensar, abonar capital a una deuda insaciable, y este no es siempre un lujo que podamos pagar, especialmente por el otro precio que estas compensaciones tienen en nuestras cuentas emocionales y en nuestro capital espiritual. También puede ser un sensor personal que nos advierte que ¡traicionamos la empatía! Creo que cierto porcentaje de esta emoción puede desempeñar funciones que nos hagan más conscientes de reconocer o intervenir nuestros errores, y con ello reparar o ajustar nuestros pasos. Es como una herramienta de readaptación.

La culpa no viaja sola, siempre anda en grupo. Sus amigos son la angustia, la frustración, la tristeza y los pensamientos menos productivos del ser humano. Llega a ser un disco rayado en las diferentes dimensiones del tiempo. Pervierte nuestro juicio moral, se acompaña de peritos con dictámenes subjetivos y repletos de sesgos, confunde nuestra conducta, nos hace creer que el castigo autoimpuesto nos salvará. No es lo mismo remordimiento que arrepentimiento. El primero es un deseo; el segundo, un hecho. El primero es un cambio de conducta temporal, mientras que el segundo produce un cambio de naturaleza. Observa la culpa y no permitas que pervierta tu realidad, haciéndote caer en una angustiosa tempestad.

¿De qué nos sirve una culpa a la que no damos utilidad? En la mayoría de los casos solo sirve para atormentarnos, sin nada que aportar. Nos enseñaron a sentirla, y eso incluye una larga lista de normas sociales, familiares, culturales y, sobre todo, religiosas que tienen que ver más con los otros que con nosotros mismos. También nos han llevado a la culpa por sentir lo que otros no desean que sintamos. Quieren que nos sintamos mal por saber sin tener un diploma, por creer sin recibir los látigos del domador, por amar sin seguir sus normas moralistas, dogmáticas y religiosas.

LA RELIGIOSIDAD ES UNO DE LOS HOTELES **FAVORITOS** **DE LA CULPA**.

Debo admitir que me he descubierto herido por mi deseo de cumplir con la idea narcisista de la perfección impuesta por la religiosidad, que olvida mi pertenencia al reino de Dios, no por obras, sino por gracia. Creo que los que se sienten santos suelen barrer culpas bajo la alfombra de su hipocresía, aunque tarde o temprano se descubran; fingir perfección te asfixia, el espejo no miente y devuelve una imagen que te abofetea.

Una de las mejores estrategias que he encontrado para avanzar frente a la culpa es el dominio de los límites de mi responsabilidad. Si logro delimitarlo, pongo freno a la compensación voraz. Desde esa base, logro identificar todos los pensamientos y conductas que me producen culpa, solo así he podido detectar sus matices y efectos. Otro asunto fundamental es aprender que mis errores no son una condena, y tampoco una ley de torpeza o pérdida. Expresar mis emociones con mis seres queridos siempre ha sido una buena forma de consuelo ante mis errores.

 DÓNDE APOYARTE

«Fue mi culpa». Parece sencillo entonar esas palabras, pero el abismo existente entre arrepentimiento y remordimiento es un universo entero. Reconocer el error propio y asumir las responsabilidades consecuentes es uno de los territorios más tenebrosos por los que un individuo puede cruzar. Para reconocer debemos cambiar de actitud, y ese cambio es el salto al vacío que debemos dar, pero la culpa nos impide lograrlo.

No lo podemos negar: tenemos una creatividad inagotable para encontrar excusas e ignorar las equivocaciones. Tenemos un doctorado en escabullirnos de las consecuencias, pero la culpa tiene un truco fascinante: no te persigue, te atrae.

Jugar el papel de víctimas inocentes, creyendo que siempre pagamos los errores ajenos, es la estrategia que abordamos como mecanismo de defensa para eludir nuestra responsabilidad, absoluta e intransferible. Reconocer con sinceridad, tras un proceso autocrítico, es señal no solo de madurez y sabiduría, sino de amplitud de alma y profundidad de corazón.

Reconocer y actuar consecuentemente nos alista para participar en el propósito de enmienda. El reconocimiento de nuestro error no siempre será suficiente para otros, y tiene sentido, pero solo arrancándonos el eterno castigo de la culpa avanzaremos en el intento de resarcir el daño, incluyendo el que nos hacemos a nosotros mismos.

Podemos aliviar el error y la culpa con la actitud amorosa de liberar en confianza lo que sentimos. El pecado se robustece cuando nos lo guardamos; la confesión lo debilita, pero esto amerita un lugar seguro, porque la confesión te hace vulnerable; al abrir las puertas de tu alma, te expones a un sinfín de heridas.

Esta reflexión me lleva a preguntarme: ¿son mi familia, mis amistades, mis compañeros, mi pareja un espacio seguro para poder ser vulnerable? En muchos casos, la respuesta es un doloroso «no». Vivimos en un exceso de juicio que amordaza a quien necesita de gracia, es el terror a que te encarcelen, linchado por tus pecados, es esta exigencia absurda de la imperfección juzgada por otro montón de imperfectos, que creen tener la vara para medir la santidad. Y es que cuando hace frío en el corazón solamente es posible calentarlo con el amor y la piedad.

ME PUSO LA OTRA MEJILLA, **Y LE DI UN BESO**.

Jesús dijo «¡vayan!», pero nosotros nos hemos acostumbrado a exigir que los demás «vengan». Si no hemos experimentado la misericordia en nuestras vidas, con nuestros pecados y angustias, ¿cómo podemos ser misericordiosos? Por ese motivo nos hemos acostumbrado a atacar al otro, a sus deslices e infracciones, y especialmente a los pecados que ellos han cometido, pero que nosotros no hemos asumido en nuestra propia vida. Probablemente su pecado recuerda los nuestros, y nos crea tensión. Es tensión que busca suavizar tu vergüenza y exacerbar tu culpa.

Tenemos que aprender a vivir, a disfrutar de nuestra capacidad de brindar misericordia. «Por eso, confiésense unos a otros sus pecados y oren unos por otros para que sean sanados. La oración del justo es poderosa y eficaz», nos recuerda la sabiduría de Santiago 5:16. Personificar una perfección que no existe hace un dudoso favor a Dios: confunde su mensaje y lastima a la humanidad.

Si sientes que la culpa te atrapa, si crees que las cosas que has hecho mal te cierran las puertas a los tesoros celestiales,

RECONOCER

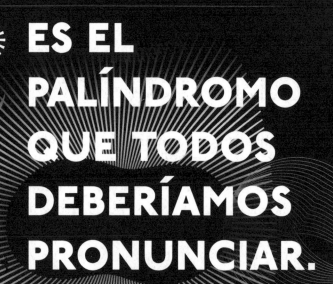

ES EL PALÍNDROMO QUE TODOS DEBERÍAMOS PRONUNCIAR.

te pregunto: ¿con quién se reuniría a comer hoy Jesús? Dime, ¿con quién? ¿Negarse a sí mismo, o luchar contra sus hermanos? ¿Cómo decidir quién califica para ser su prójimo? Sus compañeros y seguidoras también cargaban con sus culpas.

Ahora reflexiona, cómo responderías si Dios te preguntara: «¿Qué quieres que haga por ti?». Siempre podrás responder: «Quiero amar al que me desprecia, a aquel que me saca de mis casillas, a ese al que le desearía que le cayera fuego del cielo y lo destruyera». En esa persona es en la que Dios espera que concentres tu amor.

¡Que reine la gracia! Y que, desde su fuerza, derrumbes el legalismo, la condena, el juicio, el rechazo, la muerte. Que reine la gracia en nuestras vidas, en nuestras comunidades, en nuestras relaciones, en nuestro acercamiento al mundo.

Siempre te encontrarás con quienes no desean darte espacios, quienes te seguirán juzgando, aunque les sirvas desde tu pecho con amplitud. Sin embargo, sabrás dónde puedes asentar tu confianza porque hay señales que desbordan claridad.

Cuando alguien te importa en verdad, eso hace toda la diferencia. Si te hace esperar, te pone mil pruebas que no sabías que debías pasar, te deja «en visto», llama después de lo acordado, responde lo que quiere, omite detalles, se interesa solo por sus asuntos, ignora lo que sientes y mucho menos le importa lo que piensas, se aburre pronto, es más que claro que no siente ni tiene interés real por ti; si lo tuviera, todo lo pondría mucho más fácil, no te haría dudar, no te confundiría, no te desequilibraría de esa forma. Es una obviedad, pero olvidamos hacerlo consciente con la esperanza de que algo cambie.

Si después de tantas decepciones tratas a esas personas como ellas te tratan a ti, dirán a los cuatro vientos que eres una figura malvada. Sé que es una cruel herida la que provocan quienes sin franqueza de labios decían una cosa y en el corazón llevaban otra. Te hacen promesas, pero hacen lo contrario. Por eso hay que abrir los ojos del espíritu y descubrir claramente a esas personas que solo muestran interés cuando les conviene, y de paso aprender a no condenar a la gente a que nos decepcione idealizándola. Porque la mala noticia es que siempre nos vamos a decepcionar si seguimos pensando que los demás harán lo que hacemos por ellos.

MI MAYOR TALENTO ES PRESCINDIR DEL RENCOR.

Madurar también es dejar de insistir, dejar ir; en la amistad y las relaciones no se trata de rogar. Déjalos ir sin que en tu pecho se apague ni una chispa del amor que sientes por ellos; lo haces precisamente para que la fogata siga ardiendo sin las rocas que ellos le arrojan. No pretendo que te conviertas en una persona fría, solo te exhorto a mantener el calor para la gente que sí desee arder en él. Déjalos ir, pero no permitas que te arrastren.

QUITAR LA PIEDRA

Puede que te resulte complejo establecer una ruta de acción cuando sientes el peso de una condición que aca-

rreas desde tu nacimiento. Es bastante común pensar que pertenecer a una tipología o carecer de alguna inteligencia en particular es algo así como una condena, pero este es un error que debemos evitar. La razón por la que realizamos procesos de autoconocimiento no es para saber en cuál prisión estamos enredados, sino para trazar un plan de escape.

Nosotros podemos darles la forma que deseemos incluso a las configuraciones más complejas. Se le atribuye a Leonardo da Vinci haberle preguntado a Miguel Ángel cómo había esculpido el *David* con tan soberbia perfección. El genio toscano respondió con una elocuencia brillante: «Yo solo saqué de la piedra de mármol todo lo que no era David».

Esa es la misión elemental que tenemos al inspirar: ser cada día más nosotros, conocernos lo suficiente para sacar de la piedra aquello que nosotros decidimos que no nos conforma. Miguel Ángel eligió la figura del David que quería. Dejó para nosotros al humilde pastor que consolidó los reinos gloriosos, el que derribó a Goliat y contempló la prosperidad de su pueblo. Miguel Ángel no quería al David de las lujurias, ni al que lloró a su amado Absalón, aunque pudo haber hecho cualquiera de estos porque el mármol los contenía a todos.

¿Qué retiras tú de la piedra? Define, según la jerarquía de tus principios, lo que se va y lo que se queda. Si luego de los avances que hemos hecho te conoces mejor, también debes tener mayor claridad de cuánto te sobra. Nada te falta, todo está en la materia del alma si sabes esculpir.

Piensa en la piedra que te ha formado, toma el cincel de tus deseos y esculpe la pieza perfecta de lo que deseas ser. Ve más allá del aspecto físico e imagínate los atributos fundamentales de lo que sientes que te sobra, dale forma con el martillo de la constancia y la dedicación. Mira lo que falta y pregúntate qué parte de la piedra tienes que remover para darle forma. Puedes reducir lo que no quieres, al eliminar el poder que otorgas a lo que disminuye la esencia de lo que deseas ser. ¿Cómo escindes del granito la vanidad y la lujuria? ¿Cómo conviertes en polvo la solidez de la avaricia? ¿Cómo desactivas el poder que le das a la religión y que solo sirve para alejarte de Dios?

POCOS SOÑADORES
PARA TANTO MATERIAL.

Ezequiel profetizó que seríamos capaces de cometer cada vez mayores atrocidades, de perfeccionarnos en el rencor. Con ese sedimento de odio nos han enseñado a «amar» a Dios. Se han metido la religión en el corazón, y para que les quepa han sacado a Cristo de allí. Esa es la tragedia: aman más las reglas que a la gente, aman más las tradiciones que a Cristo. Es la era vulgar de un «yo» donde no cabe un «nosotros», si ese plural no se comporta como uno solo y obediente. Podrán pasar el día leyendo la Biblia, pero ni una de sus letras se les graba en el corazón.

Desde que aprendí a conocerme, de la piedra que me conforma yo saqué todo lo que Dios no quiere en ella. De la roca cruda pudo salir cualquiera, pero yo preferí esculpirme a semejanza de la imagen que Él tiene para mí, y cuyos planos dibujó a la perfección en la vida de Su hijo. Tallé esta forma que no piensa rendirse nunca, porque ha tomado la de un soñador cuya labor es hacer de la realidad un plano más profundo, es imaginar cómo acabar con el dolor ajeno, cómo colmar estómagos vacíos, cómo sanar corazones rotos, cómo alzar espíritus abatidos. Con el cincel que me labró, deseo tumbar muros y levantar puentes, enfrentar la ironía del pragmatismo. Un soñador que imagina bombas que explotan caricias, balas que se convierten en manos sanadoras, celdas de las que escapan los oprimidos.

En una mano tus talentos; en la otra, la comprensión de lo que eres. Con esas herramientas puedes modelar la imagen de lo que deseas ser.

Dibújate. Mírate en el espejo que se ha ido desempañando a lo largo de estas páginas. La trascendencia no se mide con lo que dicen de ti cuando te vas, ni siquiera con lo que dicen de ti cuando has muerto. Para inspirar por completo, tu rugido deben escucharlo aquellos que jamás te conocerán, a los que alcanzarás con el amor que te tenían, con el respeto que inspiraste en ellos, con el juicio de tu liderazgo, con la forma en la que los enseñaste a amar.

Podrás rugir construyendo tu fama, que estará por encima de tu éxito. Pero cuando te construyes solo para triunfar sobre los otros, llegas a lo más alto y no tienes a dónde seguir. El éxito puede ser mentiroso si carece de significado. Prefiero los sueños, las metas. Claro que me encanta escalar montañas y coleccionar cumbres, pero también disfruto descenderlas, porque prefiero la vida que acontece en el valle, y transitar por sus caminos angostos y empedrados.

Arriba pudiste reír de aquel que te vio subir, pero desde el suelo es desde donde se aprecia la altura de tu fe y esmero.

LA DUREZA DEL CORAZÓN

Para moldear la piedra debes ablandarla. La rigidez de un corazón encallecido impedirá que le des forma. Tampoco servirá de nada conocerte si te reconoces con un ánimo estéril. Los rugidos no encuentran resonancia en la palidez de un corazón adormecido.

NO PUEDEN SILENCIARME EL CORAZÓN.

Hay durezas que coleccionamos con el pasar de los años y tras el recuento de los daños. Habitamos un mundo con callos en el corazón, donde el amor y sus virtudes se apagan frente a la fuerza del mal que nos arrastra a su bando, convenciéndonos de que es mejor desactivar la sensibilidad para no sufrir más ante tanto caos.

La sabiduría salomónica lo dice con la mayor contundencia: «Bienaventurado el hombre que siempre teme a Dios; mas el que endurece su corazón caerá en el mal» (Proverbios 28:14), pero nosotros hemos escogido seguir poniendo ladrillos en nuestro pecho para aumentar su rigidez.

La dureza, en su sentido más puro, se refiere a la resistencia que carece de flexibilidad. Sentirla en muchos espacios de nuestra vida es como abrir una brecha que nos aleja de vivir en paz. En ocasiones, pensamos que tener un corazón duro es sinónimo de fortaleza o de sabiduría, pero en el fondo sabemos que, aunque nuestro corazón sea de hierro por fuera, por dentro nos duele igual. Un corazón duro es una carga extenuante. Entiendo las heridas que nos han llevado a ponernos una coraza, pero eso no evitará que te lo rompan, porque el corazón se rompe desde el alma, no desde la mente.

Un corazón lleno de Dios tiene la propiedad de absorber energía en grandes cantidades, antes de sufrir rupturas. El corazón conforme a Dios es capaz de soportar los rigores del moldeado y de los desgarres que procuran alargarlo, y solo bajo la presión que se ejerce en estos procesos termina por ser completado.

Dejemos que Cristo nos cambie el corazón de piedra por uno de carne porque su dureza conlleva terribles consecuencias, y aunque temporalmente puede parecer que hemos dejado de sufrir y soportamos mejor la vida, hay una humedad que se filtra por nuestros huesos y penetra hasta las bases de nuestra alma para derrumbarnos y amargarnos.

Con el correr del tiempo, la razón nos mostrará que no sirvió de nada endurecernos, todo lo contrario: insistir en reforzar nuestras durezas internas con la esperanza de protegernos solo causará que perdamos la alegría y el gozo que pudimos decidir tener, en lugar de insistir en ella. Poner primero a nuestro ego, a nuestra vanidad, por encima de la paz y el disfrute es mucho más que soberbia, es una necedad inaceptable para lo corta que es la vida. Intercambiar una sonrisa por una mala cara, con la intención de demostrarle al mundo cuán dura es tu alma, es una decisión ridícula, inmadura y absurda.

Lo que parecía una victoria obtenida por tu dureza, se deshace como una tramoya descubriendo tu inmensa falta de alegría. El corazón duro olvida cómo festejar, se esconde tras el pedestal de la superioridad y la soledad, prefiriendo dominar su entorno antes de admitirse vulnerable ante el amor. Por eso el amor es indómito, porque es lo único que el ser humano no sabe cómo manejar.

TODO AQUELLO QUE TE ROMPE EL CORAZÓN, PERO TE ABRE LOS OJOS **ES UNA VICTORIA**.

La dureza en el corazón te lleva a vivir con tristeza porque solo se alimenta de lo que tú le puedes dar y le cierra la puerta a lo que otros pueden ofrecerte. Los recibes en la puerta del corazón, pero jamás los dejas entrar. No tomes esto como una recomendación para invitar a cualquiera a las recámaras de tu pecho, pero sí una afirmación de que es mejor que te rompan el corazón a que, por protegerlo tanto, se petrifique.

Sin romantizar el dolor, digo que solo un corazón de carne puede sentir; dejar de percibir dolor nos aleja de lo que nos hace humanos, levanta un muro entre lo que sientes y lo que siente el mundo; te separa de la más bella de nuestras virtudes: la empatía y la misericordia. Cerrarte por completo te convierte en alguien que castiga sin remordimiento, que se jacta de no sufrir ni tiene capacidad de conmoverse con nada. Aplaudes tu frialdad y te enorgulleces de ella.

No serás suficiente para otros, hasta que no lo seas para ti

LO MEJOR ESTÁ POR VENIR

En este primer capítulo te has topado con tus falencias y limitaciones; sé que también has evaluado tus fortalezas, pero hemos puesto el foco en las primeras. En eso consiste la autorreflexión, pero no debemos quedarnos en lo que causa dolor.

Castigarte no va a solucionar los problemas. Aceptarte, reconocerte y corregirte en los errores, en cambio, será el mayor de tus premios. Desbarata tu enojo sin restregárselo a nadie. Espero que aprendas a manejarlo, no negándolo, sino desactivándolo. La tristeza mira hacia atrás, la preocupación mira alrededor, pero la fe nos empuja a mirar hacia arriba. Por eso hay algo hermoso en el ejemplo de Jesús. Él siempre nos enseñó cómo enfrentar el dolor, no cómo evadirlo.

Sé que el sufrimiento y las dudas harán que te preguntes: «¿Y si fallo?», «¿Y si no llego?», «¿Y si no me levanto?», pero Dios tiene el hábito de elegir a los excluidos, a los desechados, a los olvidados, para llenarlos de grandeza, sin consultar a nadie. Así que olvida todo lo que han presagiado sobre ti. Deshazte de las cadenas, de las expectativas, de tu círculo más íntimo y privado. Esa es la curación, que no siempre significará que desaparezcan las cicatrices o que cese el dolor. La verdadera fortuna está en que no controlen tu vida, es el arte de llevar bien puestas las heridas de la batalla.

La paz no llegará cuando tengas todo bajo control absoluto, llegará cuando renuncies a tener absoluto control sobre todo. No existe ese nirvana en el que podamos ser perfectos. Creerse infalibles es negar la realidad. Es necesario errar, dar el paso. Si ha pasado mucho tiempo desde que no te equivocas, estás haciendo las cosas muy mal; estarás muriendo estáticamente, mientras que otros tomarán la vanguardia de intentar, de expandirse en el intento o en el traspié, porque hay que ser soberbios para pretender salir de la victoria impolutos. Más que gracioso, es patético pretender que la vida es una brutal aventura de la que saldremos ilesos.

Toda tragedia es una invitación a renacer. Renacer las veces que sea necesario y que seamos capaces. En una vida caben muchas vidas. En un solo día podemos determinar una nueva existencia. Intervenir, transformar, reinterpretar, eclipsar; todas estas acciones son posibles cuando no quieres perderte nada de tu vida. Aún quedan cielos y mares por surcar. Siempre podemos reescribir nuestra biografía.

LA FELICIDAD ES UN ESTADO SOFISTICADO DE PROFUNDOS SACRIFICIOS.

Tanto talento desperdiciado por las dudas. ¡Arrójalas, o camina sobre ellas! De lo contrario, ¿quién puede asegurarte el éxito? Nadie. Paralizarte es mucho peor que fracasar. En la vacilación se marchitan nuestras virtudes, nuestros talentos, nuestros dones. Los «cómo» de la vida van a ir apareciendo cuando el amanecer de la valentía disipe la neblina de la duda. ¡Da el paso! Qué momentazo cuando dices: «¡Voy a caminar!». La creatividad solo nace cuando se acaban las certezas.

Procura que el primer piropo del día provenga del espejo, así cambiarán los días, los problemas, las circunstancias, las

111

NO HAGAN RUIDO, ESTOY SOÑANDO.

personas, las disposiciones afectivas, e igual habrá que hacer aquello que apostamos a ser por sobre toda tormenta. No dudes de que lo mejor está por venir, y no me refiero solo a las circunstancias, lo digo especialmente refiriéndome a ti, reconociéndote, recuperándote de toda herida, volviéndote a amar, volviendo a creer en ti, multiplicando lo que eres hasta el final de los tiempos.

Ahí vienen las campanas de la victoria. Atraviesa ese arco lleno de triunfos. Cierra los ojos e inspira con amplitud. Llénate con el oxígeno de lo que eres y prepárate para lanzar el rugido de lo que serás.

Capítulo 2

INFLAMA

Inflamar es condensar las fuerzas, concentrar el preludio de un bramido en tu garganta. Es el momento en que decides cuándo y cómo sonará el estruendo que nadie espera de ti, afinar el tono que destrozará el silencio al que todos imaginan que perteneces. Este es el momento de quietud en el que tomas decisiones con sapiencia y planificas la secuencia de tus pasos.

Inflamarnos es convertir el aire inspirando el viento que mueve los molinos, no para triturar el trigo, sino para demostrar que estamos locos. Es disponer para equivocarnos, para tener que levantarnos, para empezar de nuevo, para aprender de los errores y nunca olvidarnos de ellos, para reírnos solos, para acabar con los silencios, para que la realidad nos aplaste sin que se nos doblen las rodillas. Esto lo haremos solo para elevar las manos en agradecimiento.

Luego de ese viaje al interior de lo que somos, al que nos dedicamos en el capítulo «Inspirar», llega el momento de procesar y darle valor a toda la información acumulada. Este es el instante para ser resilientes, que no tiene nada que ver con resistir tormentos, sino con ser como la honda que, acumulando una inmensa presión, al límite de reventarse, está lista para despedir la piedra que derrumbará gigantes. Este es también un tiempo para quedarnos quietos, para dejar que la paz de nuestra mente entre en dinamismo. Llegamos a arder tanto en el paroxismo del pensamiento, que nuestras ideas terminan siendo humo, vapor sin fuego. Inflamar es como la cena de los soldados antes del llamado a la batalla, es gozar del vino de las ideas antes de encararlas.

Este segundo paso para rugir consiste en contener el aire para crear tormentas, para que exploten los cristales del pensamiento, para que salgan volando las banderas, para que los que sueñan con acabar con su vida de un salto adquieran la facultad del vuelo. Inhala cuando sientas el aguacero y sostén en tu pecho una concentración de aire capaz de concebir borrascas.

COLECCIONISTA
DE BORRASCAS

¿Quién soy? Soy un acumulador de tormentas, coleccionista de borrascas, terco desafiante de los chubascos. Soy el que un día botó los mapas para poder volver a dibujarlos.

Fui un hombre que partió de una ciudad de mar, con casas de vigas de madera, pescadores al alba y cocos como pelotas de fútbol. Los viajes me llevaron a lo extraño, que es mi medio natural. He ascendido desde los valles oscuros por senderos sinuosos; conocí el invierno de los bosques y el camposanto del desierto. Poco a poco me fui abriendo paso, acompañado por el grito de los cuervos y el murmullo de las serpientes que agitan la hojarasca. No hace frío en mi corazón; el verano de Dios derritió los glaciares en mi interior.

DESPUÉS DE LA TORMENTA VIENE LA CALMA. ¡CARAJO!, Y ¿CUÁNTAS TEMPESTADES FALTAN?

En varios momentos del viaje, la marea agitó mi barco, pero decidí soportar los tumbos. En tierra soy un *sherpa* que ha escalado hasta la cúspide, pero no me detengo ahí, quiero cruzar la neblina que se tiende entre los montes. Me apasionan las cimas, pero más sus horizontes; vivo para ser conmovido por la inmensidad, por todo aquello que no puedo imaginar. Desde la cumbre se ven nuevos mares, y hay que descender para empaparse en ellos. Quiero estremecerme hasta las lágrimas de tanto navegar y navegar.

Para mí, lo sublime es solo una cualidad de la naturaleza, es la belleza inmensa que solo puede ser entendida por los sentidos. Lo bello nace del equilibrio, pero lo sublime supera la armonía y se instala a medio camino entre la imaginación y la razón. Navegar la vida provoca inquietud, turbación, incluso terror, y las posibilidades de lograr lo imposible, de

117

tocar lo absoluto, lo trascendente, lo abstracto, todo aquello que lo físico no percibe, los ojos del espíritu lo ven con claridad.

Soy de los que reclaman una exaltación que aspira a lo divino, a lo superior, a lo extraordinario. Piloteo entre el temblor y el éxtasis, porque me dirijo con arrebato a lo trascendente, a los oleajes violentos que chocan entre lo absurdo y lo real. Embisto conteniendo el mismo vértigo, me toque portar el estandarte al frente de la avanzada o defender a dentelladas en la retaguardia.

Con el aire contenido, debemos fijar la estrategia para avanzar, y para ello pasaremos a transformar lo que hemos aprendido sobre nosotros en la intensidad del rugido.

TORMENTAS DE ODIO

Cuando una tormenta eléctrica estalla sobre el mar, hay dos formas de protegernos. La primera es salir del agua y refugiarnos en la orilla; la segunda, sumergirnos tanto como sea posible ya que la carga se distribuye sobre la superficie sin llegar a lo profundo. Lo mismo sucede con el odio. Para protegernos de sus descargas podemos acobardarnos y renunciar, o dar brazadas intensas que nos lleven a mayor profundidad. Esta última es la decisión que siempre tomo.

Me han llamado ignorante, petulante, falso profeta, pecador, impío, fanático, vendehúmos, engañabobos, tibio, conspirador, charlatán, verdugo. Me han acusado de ignorar la Biblia y de solo hablar de ella; de no comprometerme en política y de organizar golpes de Estado; de «progre» y de «facha»; de chauvinista y de malinchista; de pagano y de fundamentalista. Me han llamado misógino y fantoche de mi esposa; dicen que soy tradicionalista, pero que intento destruir las instituciones; que siempre digo lo mismo y que me contradigo.

Algunas veces es difícil escoger qué responder en estos casos, pues, aunque soltar resulta complicado, es un error ceder a la tentación de quienes con sus ofensas solo buscan recibir una respuesta de tu parte. Aun así, me pregunto por qué nos detenemos ante estas manifestaciones de odio, pero me inquieta más descubrir por qué hay gente que detiene su vida para ocuparse de lo que dice esa gente a la que desprecian.

Si tienes tiempo para humillar, desvalorizar, calumniar, lastimar, violentar o enjuiciar a otros, solo estás mostrando tu gigante fragilidad revestida de virtuosidad. Mentes vulgares que te miran por encima del hombro de la intelectualidad. Obtener relevancia por destruir a otro es la notoriedad más patética a la que se pueda aspirar. Las redes sociales son ahora el coliseo romano donde miles están sedientos de ver a otros perecer. Digamos que la Inquisición no acabó, solo se mudó a estas plataformas con millones de verdugos que jamás construyeron nada. Tu vida les pica y molesta porque no entienden que hay otras formas de vivir, de ser y pensar, y escondidos tras la hipocresía te acusan de ser malo, cuando ellos viven en total oscuridad. Se hacen pasar por santos, genios, elevados pensadores, pero tienen el alma marchita, el corazón con huecos y supurando veneno.

NO PUEDES EVITAR QUE LA OFENSA LASTIME TU CORAZÓN, **PERO SÍ QUE DEFINA LO QUE ERES**.

En este mundo digital te ven partido y en el suelo, y aun así quieren repartirse los pedazos que quedaron de ti. Pero, aunque ríen ahora, un día esa mueca será borrada cuando a todos nos toque pagar la factura final.

LA FAMA DE JESÚS

Detrás del odio está la búsqueda de fama, cruda, como aquella diosa con labios de cobre que desprendía rumores por el gusto mismo del murmullo que producían[*]. Algunos quieren una fama que se confunda con el estruendo, quieren aparecer detrás del ruido; sus escándalos derrumban los techos. Quieren fama de *flashes*, sin interés alguno por ver las imágenes.

Esos deberían verse en el ejemplo del hombre que ha gozado de la mayor fama en este mundo; paradójicamente, el más humilde que haya existido. No se ha conocido mayor fama que la de Jesús. Cristo era una celebridad en sus días, un verdadero *rockstar* que detenía las caravanas y cuya presen-

[*] La diosa romana Fama (en la mitología griega Feme) era la diosa de los rumores, los chismes y la fama. Por lo general, es representada con una trompeta.

cia causaba desorden en los mercados. La palabra *multitud* aparece más de 50 veces en los evangelios.

Jesús era aclamado en las casas de los ricos y de los pobres, por su presencia se peleaban quienes lo amaban y quienes querían engañarlo. Para acercarse a Jesús, los paralíticos pedían a sus amigos que los bajaran por los techos de las casas donde Él estaba, para honrarlo vertían en Sus pies perfumes de nardos.

La suya no era una sola fama, sino muchas. Tenía la de rabino y la de falso profeta, la de sanador y la de rebelde, la de salvador y la de provocador. Jesús tenía las famas que dejaban Sus hechos, Sus enseñanzas, Su interpretación de la Palabra, Sus sanaciones, Su perdón, Su sacrificio y, principalmente, Su amor.

Jesús construyó Su fama con la verdad y la bondad, lo hizo poniendo en el centro a los otros y, encima de todos ellos, a Dios, Su padre. No tenía un solo mensaje, Él era el mensaje en sí mismo, y con Su vida lo transmitió. Todos querían hospedarlo, por las calles le decían «Cordero de Dios». El rey fantoche bramaba: «¡Juan ha resucitado!», los legalistas decían: «Es Elías». Subía a la montaña y Sus prodigios mezclaban a los ricos con los peones, a los intachables con los pecadores. Recibió a un fariseo que se quería burlar de Él, y, en lugar de insultarlo, le enseñó cómo volver a nacer. El mismo demonio lo convidó a sus riquezas, y Él, que solo vino a dar, las rechazó. Hizo caminar a quien no lo conocía, y ni Su nombre les dijo.

Jesús hizo Su fama reconociendo que no era Suya, que todo lo que hacía provenía del Padre. Buscó el aval de los enfermos, los humillados, los inválidos, los ciegos, los mancos, las prostitutas, los despreciados. Se hizo famoso para ellos y por ellos.

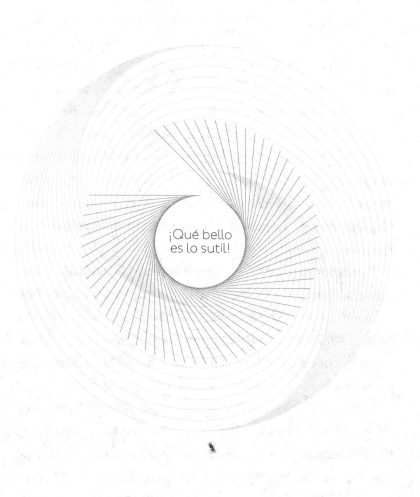

¡Qué bello
es lo sutil!

Quien desee ser famoso debe seguir este ejemplo: que la fama le venga de adentro y que lo de afuera solo sea un testimonio. Si quieres fama, pregúntate quiénes llorarían de emoción al verte llegar, por cuál motivo derramarían aceites a tu paso, quién festejaría que has dejado el mejor vino para el final.

Si quieres fama, pregúntate: ¿nacería esta del amor?

EL AMOR CUANDO ES SINCERO **ES IMPOSIBLE DE FRENAR**.

¿Quieres hacer algo que rompa con toda cadena de odio? Entonces perdona y ama a tus enemigos, ninguno de ellos lo espera. No les bajes la mirada. No retrocedas. Mantente firme cuando ataquen, pero golpéalos con la piedad, túmbalos de su pedestal, pero con el golpe certero del amor. ¿Cómo puedes odiar con un corazón lleno de Dios? Él también quiere redimir a esos provocadores de odio y de dolor y, probablemente, lo quiere hacer a través de ti.

MÁS RÁPIDO

Buena parte de las luchas digitales están sustentadas en una competencia por obtener más en menor cantidad de tiempo. La obsesión por lo rápido es la cultura de la ligereza, que va eliminando la duración y convierte la inmediatez en el nuevo estándar de vida. Vivimos en la coyuntura de quienes no están dispuestos a esperar: «Quiero que se descargue mi archivo ya, y si no es así, mi internet es un desastre», «Júrame que tendré señal en la selva», ruegan. «Dime que habrá conexión debajo del agua y durante la cena, cuando mi madre vuelva a contar las historias de su juventud».

No hay tiempo para contemplar y vivir en paz. No se satisfacen con un placer cuando ya están pensando en el siguiente. «Mira, ya se me adelantó ese, y ese otro», se lamentan. «¿Qué hacemos para vencerlos? ¿Cómo los superamos?».

En este mundo, si todo está en paz, hay algo que está mal. Treinta sencillos musicales por año, cuando antes los artistas producían un disco cada dos. «No puedo dejar de hacer contenido porque la gente se va. Me moriría sin sus *likes*», gimen. No importa si hay mucha basura y poca cultura. Lo importante es inundarlo todo con lo que nos sobra, aunque el *posteo* anterior sea idéntico al siguiente.

El consumo voraz de información imposibilita la serenidad que se necesita para pensar y discernir. «Tantas fotos, tantos videos, que no quiero cerrar los ojos y perderme uno solo», alardean. «Lo quiero todo, aunque no disfrute de nada». Si no logran lo que desean de inmediato, sienten que han fracasado. El ego quiere más. No compartimos la misma celda, pero coincidimos en la misma cárcel. Hemos olvidado que es más importante la dirección que la velocidad. No podemos ser la generación a la que le vibran más los celulares que los corazones. Sufrimos adicción por los atajos. ¿No se dan cuenta de que no hay camino más largo que el atajo? El orden digital cada día desplaza más las propiedades del ser.

La obscenidad de lo súbito solo provoca un agrado efímero. El imperio de la belleza fingida. El mausoleo a la estética sin heridas. Vivimos perdidos en esta marea de estímulos y excitaciones donde lo importante desaparece y lo banal se hace evidente. Lo hermoso que llevamos por dentro ha sido esclavizado por la vitrina de lo sensual. La sexualización del cuerpo acompaña a la vulgar comercialización del alma. Una identidad basada en ser «deseable», y nada más. Es la cultura que somete la moral al escaparate del consumo. No se *postean* los fracasos, nadie quiere mostrar sus heridas, todo debe ser perfecto, impoluto y sin estrías. Filtros para la cara, filtros para la panza. Filtros para el engaño, filtros para la humillación.

TE PODRÁS MAQUILLAR LOS OJOS, PERO JAMÁS LA MIRADA.

Hoy me paro frente a esta verdad y me niego rotundamente a vivir bajo estas normas, etiquetas y moldes. Para mí lo sagrado deambula entre lo hermoso y lo terrible; es la ambivalencia del gozo y del dolor. Por ello, todo lo diferente me parece bello y todo lo igual me parece terrible.

Deja de querer parecerte a otros, paga el precio de ser. Las preguntas del millón son: ¿quién te dejará ser esta sociedad?, ¿le vas a permitir que te domestique, te amolde y empaque bajo el yugo de sus expectativas?, ¿dejarás que te definan las críticas de quienes jamás han cruzado contigo una palabra?, ¿dejarás que tu vida sea dirigida por lo que unos cuantos opinan de tu contenido?, ¿vivirás triste por lo que piensa quien cree que te conoce porque vio tu imagen en las redes?, ¿amarás tu cuerpo solo porque miles lo desean, o lo amarás por todo lo que ha hecho por ti?, ¿te guardarás el aliento o soltarás el rugido?

Me niego a continuar así. Existirán días cuando te confundas y comiences a ser la caricatura de otros, pero resiste, rectifica y reubícate. Cientos de personas podrán desearme el mal, pero hay millones que me desean la paz, y con uno solo de ellos me basta.

La inmediatez ha impuesto su tiranía, en gran medida porque hemos perdido la capacidad de concentrarnos. Debemos mantenernos enchufados, aunque sigamos sin energía. Queremos movernos en línea, aunque no salimos del punto inicial. Vivimos buscando señal, aunque hayamos perdido conexión con el mundo real. Procuramos penetrar en la red, aunque sea una maraña de soledad a distancia. Contamos los *likes,* aunque hayamos olvidado las cosas que más nos gustaban.

Hemos inventado un metaverso en el que somos solidarios y cálidos; pero en el mundo físico, levantamos una aldea de *hikikomoris,* una localidad poblada de ermitaños. En buena medida, esto sucede porque hemos perdido la capacidad de prestar atención, y se nos hace difícil apuntar a la dirección correcta la poca que tenemos. Son muchas las carreras profesionales, las iniciativas y las relaciones que se han visto afectadas por la búsqueda constante de distracciones digitales. Debo dejarlo claro: no por dedicar unos minutos a las redes sociales pondremos en peligro nuestra estabilidad económica y emocional —algo de lo que hablaremos más adelante como necesario—; el problema se presenta cuando, en medio de este exceso de ruido, perdemos la capacidad de concentrarnos en algo.

DISTRAÍDOS

La pérdida de concentración es uno de los grandes problemas que estamos enfrentando en los últimos años; los problemas de atención como asunto clínico son uno de los diagnósticos más comunes en las nuevas generaciones, y esto se complica con el exceso de distracciones. Pero, para sacar el rugido que llevas dentro, fijar la atención en las cosas correctas es una tarea primaria.

SI NO RECUERDAS DÓNDE ESTABA TU ATENCIÓN, ENCONTRARÁS LA RESPUESTA EN TUS RESULTADOS.

Atender es comprender. Llevar la carga de mil cosas irrelevantes en tu cerebro lo desgasta y lo sumerge dentro de un malabarismo de estímulos que nos impide identificar qué es lo que tenemos que ver. Estar enfocados es lo que nos permite identificar patrones y anticiparlos a las cosas que puedan ocurrir. Solo de esta manera se nos activa el traductor interno para los mensajes que vienen cifrados en las brisas que anuncian la tormenta.

Cuando nos distraemos, cortamos la conexión con las cosas importantes. Desde el inicio, las palabras mismas nos entregan el mensaje esencial: el sentido de la palabra *distracción*, desde su raíz latina, quiere decirnos que se nos empuja en la dirección contraria. Y esto, que podría parecer superficial, es de extrema importancia porque revela lo que nos

127

sucede en realidad: sin atención somos incapaces de llevar adelante nuestros sueños, porque nos movemos erráticamente, sin orientación.

Pero la distracción no solo proviene del mundo digital, también se encuentra en nuestros pensamientos. Los temores y la recreación de posibles resultados es una forma de distraernos, porque nos arrastra hacia donde no queremos ir. Las distracciones impiden, además, disfrutar la belleza de lo que hacemos y el placer mismo que eso implica.

Veo una pareja sentada en la misma mesa, él revisa, quizás, los resultados del fútbol, y ella, las últimas noticias, llenas de lo mismo desde la última vez: historias repetidas de voces alquiladas, vistas cientos de veces y cada vez menos creativas. A ellos no les falta atención; por el contrario, les sobra interés en la insipidez del vacío. Hablan, pero no conversan; cenan, pero no comparten; existen, pero viven atrapados en la bruma de lo virtual.

Como verás, he hablado de «distracción», pero en ningún momento he dicho que las personas «pierden» su atención. Eso no sucede: nadie la pierde, solo cambia de lugar. Nuestra productividad se evapora cuando la mente prioriza acciones distintas de las que se ha trazado; puede que lleguemos a estar incluso más enfocados de lo que estamos regularmente, solo que será en cosas que cada segundo nos alejan de las metas que deseamos conquistar. Muchos de los accidentes de tránsito no ocurren porque los conductores «pierdan» la atención en lo que hacen, sino porque la desvían a puntos que les impiden descifrar lo que acontece fuera de su vehículo, como sus teléfonos o sus pensamientos.

Si trasladamos esto de lo individual a lo colectivo, encontraremos un panorama desolador. La falta de atención es una de las más graves enfermedades generacionales. La pérdida de foco dispersa nuestra atención sobre lo más superficial de nosotros mismos y con ello desenrollamos una alfombra roja para darles paso a los peores atributos de la humanidad. Desconocer lo que sucede a nuestro alrededor es retroceder a una de las etapas más oscuras y volver a dibujar los demonios que visitaron nuestro planeta hace un siglo. Una sociedad embobada caminará enceguecida hacia los peores momentos de la historia: un mundo regido por la barbarie y por la mentira generalizada.

Una sociedad que no es capaz de mantener su atención en las cosas importantes, es incapaz de analizar con detenimiento y amplitud las cosas que la impactan más directamente. No poder enfocarnos es lo que ha permitido que propuestas absurdas y teorías conspirativas permeen la mente de millones de personas, que creen ciegamente patrañas que un pensamiento racional descartaría en minutos.

APRENDAMOS A NO MIRAR DESDE LA HERIDA, **SINO DESDE EL ALMA**.

Aunque suene un poco extraño, es bueno saber cómo gestionar nuestro aburrimiento. Hay ciertas técnicas que vale la pena aprender cuando nos encontramos en situaciones de aburrimiento constante. Nos sentimos aburridos cuando no

¿QUÉ
CUSTODIAN
CON TANTA
PASIÓN

LAS MENTES
CERRADAS?

sabemos qué hacer con nosotros mismos; entonces, nuestra mente busca cómo sintonizarse con una actividad que la sosiegue. Aburridos no llegamos a concentrarnos en nada de lo que hacemos ni hallamos una actividad que amanse la turbación interna.

Lamentablemente, con frecuencia recurrimos a opciones que aumentan la insatisfacción creciente que nos rasguña por dentro. Estas acciones no apaciguan esa hoguera porque ponemos la atención en el lugar equivocado. Tendemos a buscar *fuera* de nosotros, porque nos cuesta entender que el manejo del aburrimiento es, en gran medida, un problema de *dominio propio*, algo que detallaremos en el próximo capítulo. Por ese motivo, lo primero es aceptar dónde está el origen del asunto y dejar de pensar en él. Luego, busca alguna actividad que te permita rescatar la serenidad y que tranquilice el vendaval: orar, meditar, practicar respiración rítmica. Cuando hayas ganado un poco de quietud, reflexiona sobre qué beneficios pueden traer las alternativas posibles: ¿qué aprenderé leyendo esto? ¿Me sentiré mejor después de ver esta película? ¿Me sentiré más relajado al jugar esto? El paso final, y el más importante, es hallar entusiasmo haciéndolo; salir del aburrimiento requiere un mínimo de esfuerzo.

Si no abordas tu aburrimiento como algo serio, puedes terminar en situaciones desagradables. La necesidad que tiene tu mente de hallar un espacio de escape puede lanzarte por una montaña rusa de sensaciones súbitas, intensas y absorbentes que no son naturales. Un ejemplo demasiado común son los *reels* de las redes sociales, que te arrojan de la ternura a la lujuria en diez segundos y del odio a la devoción diez segundos más tarde. Estas alternativas crean un pantano de gratificaciones inmediatas que te negarán tiempo para reflexionar y madurar las emociones. Depender de ellas aumentará la insatisfacción al hacer tareas más edificantes.

Dale una oportunidad a actividades que embellezcan y nutran tu vida. Eso no significa que hagas cosas que no te brinden placer o que resulten tediosas, sino que decidas salir del aburrimiento con acciones que supongan un esfuerzo interior.

El aburrimiento tiene una gran relación con la capacidad de concentrarse, situación que afecta nuestra comprensión de la realidad, y da mayor impulso al avance de la mentira. En 2018, un estudio del Massachusetts Institute of Technology (MIT) encontró que las noticias falsas difundidas en Twitter viajan seis veces más rápido que las noticias reales[*]. La pérdida de la facultad de concentrarnos y de darle tiempo a la reflexión afecta nuestra capacidad para leer con propiedad, interpretar correctamente nuestro entorno y ser empáticos. Tanto que me reí de quienes creían en los zombis para terminar dándoles la razón. La humanidad sufre un ataque zombi, y los zombis somos nosotros mismos.

Nuestro bienestar depende, en buena medida, de poder ser capaces de prestar atención a las cosas que la necesitan, como los graves problemas sociales, la educación de las nuevas generaciones, la destrucción de las instituciones demo-

---

[*]   Esta afirmación es tan contundente que, en varias oportunidades, me han acusado de exagerar. De tanto decirla, varias veces la han puesto en duda. Dejo los datos en esta nota por si deseas confirmarlo: Vosoughi, S., Roy, D., & Aral, S. (2018). *The spread of true and false news online*. Science, 359(6380), 1146-1151.

cráticas, el abandono de la libertad y la pérdida de nuestra espiritualidad, pero sobre todo, prestarnos atención a nosotros mismos. El hecho de estar presentes en plena atención es sentir todo el poder y peso de la vida.

Cierro esta explicación de los nocivos efectos que para nuestro mundo tiene vivir sin capacidad de darnos el tiempo para pensar en los temas trascendentales. Quisiera que esto aumentara tu interés en retomar el control de tu atención.

Estar atentos a las cosas que hacemos, especialmente a aquellas que tienen que ver con nuestro objetivo personal, es indispensable para nuestra efectividad. Aprender a mantener la atención por un tiempo prolongado es una de las principales facultades que una persona debe desarrollar cuando decide avanzar en la conquista de lo que su alma quiere dominar. Avancemos, pues, sobre este asunto tan importante.

ATENCIÓN Y ENFOQUE

Una de las cosas que he aprendido para lograr mantenerme enfocado es olvidarme de cuánto hago, y concentrarme, más bien, en cuánto tiempo le dedico mi total concentración a hacerlo bien. Ya te explico: la idea es ser productivo por el tiempo que he dedicado a hacer una cosa. Si me propongo una hora para trabajar en un tema, mi preocupación no está en el resultado, sino en el rendimiento. Por ejemplo, mientras escribo este libro, no me preocupo por el número de palabras que obtengo en un día, sino por el tiempo que me mantengo enfocado en el objetivo; esto asegura lo anterior.

Al principio, me costó enormemente trabajar de esta manera, porque estaba acostumbrado a cumplir las tareas que había escrito en una lista, las cuales hacía sin saber cuánto tiempo me llevarían ni cuántas podía completar con calidad. Ahora que me enfoco en el tiempo, he perfeccionado de forma significativa cómo establezco mis prioridades, porque todo me cabe en la agenda. Hago con más calma las actividades más importantes porque reciben un tiempo justo. Esto me ayuda a ofrecer respuesta en tiempos más sensatos y evito trabajar por largas horas para cumplir con mis tiempos por haber ido acumulando pendientes.

Por otro lado, evito llenar mi agenda con puntos irrelevantes. Antes esto era muy común porque tenía ganas de ir tachando pendientes, sin importar lo que fueran. Actuamos tal como nos medimos, y yo me medía por cosas hechas, sin tener en cuenta qué eran. Trabajar de esta manera me demostró que lo hacía, sin saber, para ir tachando temas de mi lista, como una forma de hacerme creer que estaba obteniendo resultados, pero que solo servía para distraerme y darme pequeñas victorias, que no servían de nada y me hacían bajar los brazos al crear un progreso ilusorio.

Una de las primeras soluciones que apliqué para concentrar mi atención en una tarea por un tiempo determinado fue la técnica Pomodoro[*]. Este método tiene como propósito aumentar los niveles de eficiencia que se pierden debido a las breves distracciones de los trabajadores; estas pueden tomar

[*] Esta técnica para mantener la concentración en la tarea fue desarrollada por el experto en estrategia de procesos Francesco Cirillo en la década de los ochenta.

algunos segundos, pero dificultan retomar la atención por un tiempo similar o superior a la distracción. Es bueno tener en cuenta que esta metodología tiene tantos años como quien te escribe; fue concebida cuando no existía buena parte de los artefactos que ahora nos distraen y a los que estamos aferrados de forma enfermiza.

Este enfoque es eficiente, precisamente, por su sencillez extrema: consiste en establecer sesiones continuas de trabajo, interrumpidas por breves —y obligatorios— lapsos de descanso, que además sirven para revisar los avances realizados. Se utiliza algún contador de tiempo, como la alarma de tu teléfono, con periodos que se dedican enteramente a la acción, sin darles demasiada importancia, en principio, a los resultados. La propuesta original consiste en establecer fases de media hora: 25 minutos de trabajo y 5 minutos de descanso.

Puedes pensar que 20 minutos es poco tiempo para concentrarte, pero la realidad es bien distinta, ya que estudios recientes indican que los tiempos de atención que dan los profesionales a sus tareas se han reducido a la tenebrosa brevedad de 3 minutos.

Si sufres de problemas de atención, haz los primeros ejercicios con menos tiempo; aunque 25 minutos de enfoque no suena como un esfuerzo excesivo, recomiendo comenzar con periodos menos demandantes, que luego se pueden ir aumentando. Iniciarse en esta práctica excediendo la dosis de la receta original puede ocasionar que abandones antes de ver los primeros frutos, especialmente si ya tienes problemas de atención. Cumplir con firmeza el tiempo que te fijes, y repetir esta rutina de forma minuciosa, reforzará tus niveles de atención.

TERMINAS POR PARECERTE A LO QUE PIENSAS **CUANDO NO PUEDES DORMIR**.

Yo utilizo esta técnica cuando estoy escribiendo, y algunas veces puedo pasar los 25 minutos sin producir nada que yo sienta que vale la pena, pero aun así resisto. Puedes decir que es una pérdida de tiempo, pero yo prefiero llamarlo disciplina. En todo caso, esta técnica sirve para cualquier actividad que requiera atención continua. Dedicarse a realizar una actividad genera resultados; con la práctica, vas ganando flujo y eficiencia.

Como he ganado enfoque con el paso del tiempo, al escribir me someto a un grado moderado de ruido externo, lo que ha servido para reforzar mi concentración. No recomiendo esta complicación adicional si estás en una fase inicial, pero a medida que vayas avanzando, será un complemento útil; es como el atleta que sube la barra para obligarse a saltar más alto. Quienes entrenan con cierto nivel de elementos distractores terminan mostrando un desempeño más adecuado. Aun cuando en la realidad hay distracciones muy grandes, sus resultados suelen ser superiores a los de personas que se ejercitan en condiciones idóneas. En resumen, un moderado nivel de tensión ayuda a mantener mejor el enfoque cuando el ambiente presenta situaciones complejas y desfavorables. La concentración se entrena.

Aunque te suene raro, este es un paso que también debes cumplir. Eso quiere decir que realmente debes desconectarte de la acción para volver a ella; descansar no consiste en revisar lo que hiciste o preparar material para lo que viene. Si sientes algo de ansiedad, tomarte esos minutos para meditar sería un idóneo uso del tiempo.

Aplica esta técnica con toda la rigurosidad que te sea posible. Para comenzar, escoge una actividad que sea importante para ti y establece un periodo inferior al que propone el ejercicio original. Cuando lo vayas dominando, ve aumentando el tiempo, poco a poco, hasta que ganes dominio.

Cada vez que tengas una distracción interna, anótala; por «interna» me refiero a que no es un evento que no puedas controlar, como tu gato echando abajo las copas de vino, sino aquellas que surgen de ti, como pensamientos, inquietudes o recuerdos.

Toma nota de cuáles son estas distracciones que te abordan durante el proceso de trabajo y lleva un registro de la frecuencia y la intensidad de ellas. La idea es que ambas cosas vayan disminuyendo en intensidad. Haz un análisis de por qué suceden esas inquietudes y por qué te impiden controlarte.

×

Prácticas como la que hemos visto nos ayudan a crear hábitos que compensan los desvíos de atención, pero el trabajo más importante debe hacerse desde el interior. Las distracciones más agobiantes surgen desde adentro. No basta con apagar las notificaciones del teléfono si no cortas la conexión que tu mente hace con ellas. El ruido externo se puede controlar, pero la labor más intensa es la que des para mantenerte enfocado en lo interno. Podrás irte a trabajar a una cabaña en los Alpes, sin ningún equipo eléctrico o conexión inalámbrica; podrás huir del bullicio de la gente y desactivar todas tus redes, pero si no apagas las sirenas y alarmas que suenan en tu mente, seguirás poniendo la mirada en un punto lejano de tus objetivos.

Ponlo a prueba: apaga el teléfono por un tiempo prolongado mientras estás trabajando en alguna tarea que te cueste, y lleva un registro de las ideas que llegan a tu mente y de cuán frecuente tienes la necesidad de ver las notificaciones, aunque las alarmas no suenen. Probablemente comenzarás a cuestionarte sobre situaciones que pasan y de las que no te has enterado. Vendrán a tu mente muchas de esas tareas que debiste hacer y olvidaste, las personas a las que no llamaste o la transacción bancaria que quedó pendiente.

ESTABAS FRENTE A MÍ, Y NO TE SUPE VER.

Para que la atención tome el rumbo correcto, es necesario calmar las tormentas del pensamiento y de las emociones que causan las perturbaciones más fuertes. La atención plena —concepto que hallarás en libros y fuentes digitales como *mindfulness*— es la alternativa más eficiente para lograr que nuestra atención mejore. Meditar y realizar técnicas de respi-

¿Cuánto

morimos cada vez

que

nos quedamos con

las

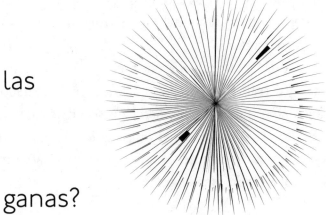

ganas?

✕

ración son la manera de obtener mejores resultados. Aunque esto puede sonar como algo misterioso o místico, cuenta con el aval de una gran cantidad de especialistas y académicos. En mi libro *Las trampas del miedo*, incluí unos ejercicios que pueden ser muy útiles para el desarrollo de la atención.

TURBULENCIAS

La mente es como un río en turbulencia. Aunque contenga las aguas más puras, tanto remolino puede hacer que sus aguas se vean turbias; pero si nos acercamos con un vaso, cogemos un poco de su corriente y posamos el cristal, al poco tiempo veremos que la opacidad va disminuyendo y mucho del contenido se va depositando en el fondo. La respiración es ese vaso de cristal que puede aquietar tu mente para alcanzar la paz.

Hay quienes creen que la atención no es más que un don, pero yo soy vivo ejemplo de que es un atributo que puede ser desarrollado. Ciertos ejercicios de meditación producen excelentes resultados para serenar los controles internos que nos hacen perder atención.

Cuando lo intentes, verás que meditar es mucho más que sentarse y cerrar los ojos. Por eso, si nunca has intentado algo similar, debes comenzar por ejercicios sencillos como el que te presento a continuación, pero antes quiero resaltar algunos aspectos prácticos que debes tener en cuenta para sacar el mejor provecho del ejercicio:

- Escoge un espacio físico propicio para la práctica y, especialmente al principio, libre de la mayor cantidad de elementos distractores.

- Debes estar en una posición cómoda, pero que el cuerpo no se recueste porque conducirá al sueño. No recuestes la espalda en la silla, el mueble o algún otro apoyo.

- La espalda debe estar recta, al igual que el cuello. Un ejercicio para lograr esto es imaginar que tienes un casco que, a su vez, está siendo levantado por una soga invisible que te hala el cuello y la columna.

- El truco consiste en tener un ancla a la que puedes volver para centrar la atención; en el caso de nuestro ejercicio, esta será la respiración.

Te invito a que leas este ejercicio y, si tienes alguna duda, mires el video que he preparado para explicártelo, el cual podrás encontrar en la página complementaria de este libro: www.rugelibro.danielhabif.com.

Una vez que te hayas preparado, cierra los ojos y comienza a respirar. Escoge el ritmo con el que te sientas cómodo y comienza a contar tus respiraciones. Puedes contar por cada ciclo de respiración (es decir, cada vez que inhalas, mantienes el aire y exhalas sería una vez) o por acción (contar de forma independiente cada vez que inhalas y exhalas). La primera opción es más pausada y requiere un poco más de atención. Pon toda tu atención en ese conteo de tu respiración. Cuando llegues a 10, vuelve a empezar.

Verás que de repente llegarán pensamientos que te distraerán de la respiración y que no será tan fácil mantener el conteo como describo. Sin embargo, la respiración te ayudará a asentar la polvareda mental y ganarás capacidad de sujetar por mayor tiempo el enfoque en un punto concreto. Puedes enfocarte en las sensaciones de la respiración en tu cuerpo: por ejemplo, en el movimiento que causa en las fosas nasales, en cómo el aire entra frío al cuerpo al inhalar y sale cálido al exhalar o en la expansión y contracción del pecho o del diafragma. Escoge una de estas opciones y mantén fija tu atención en ese punto sin cambiar el ritmo del conteo.

×

ME IBA A DAR UN RESPIRO,
PERO ME DI CINCO.

Al practicar este ejercicio, verás cuántos pensamientos se meten en el conteo. Abandonarás por momentos tu atención. Te vendrán recuerdos, dudas, pensamientos… Y no te extrañes si pierdes la cuenta. Esas son las notificaciones que no puedes apagar, que te llevan del centro a la periferia.

En fases más avanzadas, estos ejercicios pueden comenzar a volverse realmente complejos y quienes se dedican a ellos alcanzan estados de concentración absoluta que pueden durar horas. No es mi intención que llegues a ese punto por el momento, sino que cuentes con una técnica que vaya mejorando tus habilidades para centrarte en lo importante.

A muchas de las personas con dificultades para mantenerse encauzadas les cuesta adoptar estas prácticas porque creen que son ineficientes por su poca capacidad de atención; además, es posible que sientan que dedicar 20 minutos diarios a contar exhalaciones las hará menos productivas. El punto es que, si bien es cierto que esos minutos no darán resultados inmediatos, no importa cuánto tiempo tengas disponible si no buscas mecanismos para mejorar la atención; aunque pases las 24 horas del día trabajando, no serán fructíferas si tu mente no deja de apuntar a todos lados.

Cuando sentimos ansiedad, nuestra atención se refugia en la mente, motivo por el que perdemos la visión de otros factores en los que debemos enfocarnos. Por ejemplo, cuando esto les sucede a atletas de alto rendimiento, su mente desatiende ciertos elementos clave de la contienda por estar en la tarea de «calmarse»; se concentran tanto en lograr ese objetivo que descuidan las condiciones de la competición y el desempeño físico interno, ambos necesarios para el triunfo.

Existen demasiadas tentaciones para distraernos. Avanzar hacia el éxito requiere que demos prioridad a tareas que nos permitan mejorar la capacidad de dar mayor tiempo —y de mejor calidad— a las actividades necesarias para lograr nuestras metas. No todo es trabajo duro, la atención también es necesaria para disfrutar los momentos placenteros, apreciar las artes y la lectura, reflexionar sobre los eventos de nuestra vida.

También necesitamos concentrarnos para poder disfrutar de la belleza; distraernos también causa que no reparemos en la belleza que nos rodea, ya que nos empeñamos en ver el mundo por una pantalla, como quienes pasan una vida soñando con ver a su artista favorito en concierto y dedican todo el evento a estar pendientes de hacer *selfies* y *postear* videos en las redes sociales. Hasta para deleitarse del amor, gozar del amor y hacer el amor hace falta que nos inflamemos con la fuerza centrípeta de la atención.

La atención no solo tiene que ver con la productividad, también se relaciona con el enfoque de a qué le damos importancia y, en consecuencia, cuáles resultados obtenemos. Algunas propuestas filosóficas parten del concepto de que nos toparemos con aquello a lo que le prestamos atención. Esta perspectiva muestra solidez más allá de lo esotérico; enfocarnos en ciertos aspectos de nuestra vida es una demostración de la importancia que le damos y de cuánto nos preparamos para ello, pero, principalmente, es una respuesta a cuánto dejamos de ocuparnos de otras cosas. Por más multitarea que creamos ser, la atención es un rompecabezas de una sola pieza.

Tanto tiempo que pasamos leyendo la vida de otros, mientras que otros escriben la nuestra. Ellos están muy ocupados en *sus* cosas y nosotros en las *suyas*, no en las *nuestras*. ¿Cuándo te ocuparás de ti? Pensé que de verdad querías lograrlo, que cuando dijiste que no aceptarías ni un día más sin poner todo de ti, no lo decías con la boca, sino con las entrañas y con la convicción irrevocable de superarte a ti y a todos los que tienes delante de ti. ¿Sigues haciendo planes, pero sin incluirte en ellos? ¿Sigues suspirando, pero no sientes caer ni una sola gota de sudor en la frente? A lo mejor solo te dices a ti mismo que lo harás, pero en verdad no quieres esa vida que tanto sueñas y dices amar. Quien ama las cosas no las deja ir: pelea por ellas, las busca, las procura, las protege y no deja que nadie se las arrebate.

Tú y yo tenemos que respondernos por lo propio. Un día rendiremos cuentas en lo eterno por aquello que nos fue dado, por todo lo recibido gratis y habrá que sacar cuentas de lo que dejaremos en esta Tierra antes de abandonarla y cuál será el rédito que entregaremos delante de aquel que nos llamó a multiplicarnos y no a dividirnos o restarnos. Yo no quiero perderme nada de mi vida. No dejaré que nadie me corte las alas ni, mucho menos, que sea yo mismo quien me desplume.

NECESITO SUBIR A UN COLUMPIO AL NIÑO QUE LLEVO POR DENTRO.

Otro asunto que nos impide enfocarnos tiene que ver con ese empeño de convertirnos en maquinaria multitarea. Este es un atributo por el cual tenemos enorme estima y que ponemos, orgullosos, en nuestros perfiles personales sin saber que va contra la naturaleza de nuestro cerebro.

Todos hacemos múltiples tareas a la vez, algunas con mayor destreza que otras, claro está. Yo puedo escuchar las noticias mientras reviso los comentarios en mis redes sociales y escribo algunas líneas para mis publicaciones, y esto mientras desayuno. Puedo hacer todo esto a la vez.

Las funciones se van haciendo más complejas en la medida en que dependen más de nuestro pensamiento, especialmente si se trata de tareas que requieren cierto nivel de concentración y agilidad mental. Detonar varias actividades intelectuales al mismo tiempo, entre ellas las de aprendizaje, solo consigue que nuestro cerebro vaya de ida y vuelta de unas a otras, con el problema de que siempre va un paso más atrás.

Supongamos que estás escribiendo un correo para una cliente clave; una buena relación con ella es vital para los objetivos de tu departamento. Necesitas tener cuidado con las palabras porque debe ser un texto entusiasta pero realista. Requieres prestarle atención. Mientras redactas, tu teléfono se ilumina para notificar que has recibido un mensaje de esa persona que te interesa, y a la cual no quisieras hacer esperar (¿te ha pasado?).

Si fuéramos organismos multitarea, las interrupciones al contestar el chat no tendrían consecuencias sobre lo que escribimos, pero la forma como funciona nuestro cerebro produce que nuestra atención pase del correo al teléfono, y viceversa. Luego haces el recorrido inverso. El teléfono vuelve a anunciar un nuevo mensaje, y atacas de nuevo. Cada vez que vas de un punto a otro, lo haces un paso más atrás de donde habías llegado antes, debido a que debes recordar cuánto habías avanzado y en qué punto lo dejaste.

Esta reconfiguración sucede en fracciones de segundo y se repetirá en cada una de las distracciones. Puede que no lo percibas y que te levantes con la idea triunfante de que eres totalmente multifuncional, cuando tu proceso de acción ha sido ineficiente.

Cuantas más cosas hagas al mismo tiempo, más tiempo perderás. La brevedad de las interrupciones no mejora el desempeño. Como resultado, estar media hora seguida en TikTok es más eficiente que entrar 30 veces a la aplicación, porque esas repetidas interrupciones afectan la posibilidad de hallar el enfoque. El ser humano, no está hecho para saber qué hacer con los miles de estímulos que hoy recibe. En solo 30 segundos de hacer *swipe up* en las redes sociales, podemos pasar de enternecernos por el video de un gatito a sentir angustia por el choque de un auto o a sentir lujuria ante la sensualidad de un baile; todo eso sin discernirlo, entenderlo ni, mucho menos, asimilarlo. Una montaña rusa de emociones que nos aborda y nos ahoga. Por este motivo las técnicas establecen periodos claramente diferenciados para el enfoque y el desenfoque, ya que reducen las interrupciones producto de los saltos entre actividades, pues el tiempo de trabajo es exclusivo para una tarea. Si tenías dudas, lo aclaro: los minutos de trabajo deben ser exclusivamente para una función específica; si tienes dos objetivos, debes establecer dos periodos determinados para cada uno de ellos.

LOS OJOS QUE RÍEN
SON UN IMÁN.

Ya sabemos que estar enfocados es indispensable para poder inflamar el rugido que llevamos dentro. Esta es una tarea crucial en un mundo que dedica casi todos sus esfuerzos a robarnos un poco de atención. Debes ejercitar tu disciplina hasta que cumplas con bloques de tiempo; solo así podrás avanzar.

Ser cuidadosos, incluso, con el tiempo de descanso es una indicación de que vamos por buen camino.

Podrías pensar que el ocio no tiene cabida en un libro que desea explotar todo tu potencial, pero es todo lo contrario. Reflexionar sobre lo que podemos hacer en nuestro tiempo libre es esencial, y lo veremos a continuación.

EL PECADO DE LA PEREZA

Una de las cosas de las que puedo vanagloriarme es del uso que le doy a mi pereza, ese gozo vilipendiado del que he obtenido exuberantes cosechas. Si bien conozco los frutos de mantener una voluntad intensa, existen días en los que parece imposible recuperarse de los esfuerzos diarios, aunque nos sostengamos con una buena alimentación, suficientes horas de sueño y actividad física. Hay momentos en los que se produce una huelga general en nuestra energía y vitalidad, y nos sentimos fuera de ritmo. Aquello que nos es relativamente sencillo hacer, se convierte en una carga insostenible. Hay sensaciones que parecen superar al cansancio físico, me refiero a una turbación que se instala como en pequeñas trampas que nos minan desde lo más profundo de nuestro ser.

Nos llegan momentos en los que estamos inexplicablemente drenados, en los que amanecemos sin un ápice de energía; nos deslizamos de la cama al baño, del baño al auto, del auto a la oficina y no sabemos cómo carajos logramos regresar a casa sin habernos dormido en la jornada. Además, no

TENGO
TODO EL
AHORA
DEL
MUNDO.

adivinamos las razones por las cuales terminamos tan cansados; es tal el agotamiento, que lo último que nos provoca hacer es pensar.

Aunque es una respuesta natural, perfectamente biológica, cuando debemos tomar un descanso recordamos que ceder es censurable, que nos enseñaron que sentir pereza abre la puerta de los infiernos. Esta no es una calificación reciente, una de las más memorables escenas de la *Divina comedia*, de Dante Alighieri, es su descripción de las penurias que sufren los perezosos en la cuarta terraza del Purgatorio, ese lugar infestado de almas que caminan deprisa, urgidas por compensar la holgazanería que les arrancó la oportunidad de hacer las cosas bien. En esa descripción, recuerdo que dichas almas eran perseguidas por la sombra del *si hubiera*, y no tenían tiempo ahora para sentir ni hablar. Es un lugar terrible donde las cosas pendientes nos esclavizan con sus reproches.

En la dictadura de las opiniones, un gran número de influenciadores atacan al descanso como el peor de los vicios; condenan la pereza con sus *posts* publicados sin pudor desde alguna playa del Caribe. Los esclavistas justificaban aquella barbarie con la excusa de que el trabajo intenso mejoraría la vida de quienes para ellos no eran más que mercancía.

Supongo que aún recuerdas a tu madre tomarte de la mano al ver un mendigo y ponerlo como ejemplo de lo que les sucede a los haraganes, y quizás te aleccionaba: «Así terminarás si no estudias», «Eso te pasará si no cumples con los deberes», como si no hubiera múltiples factores para esos desafortunados desenlaces. Hemos sido programados para sentirnos mal cuando no estamos haciendo algo, y no siempre sabemos cómo acabar con ese duende que se ríe mientras nos resquebrajamos; queremos buscar la forma de mantenerlo a raya, pero es tal la pereza, que hemos alterado negativamente todos nuestros quehaceres. Por algún motivo, solemos asumir que las personas en las mayores condiciones de miseria son perezosas, cuando pocas vidas requieren mayor grado de ocupación que las de quienes deben compensar opresoras adversidades.

EN ESTOS TIEMPOS DE GUERRA Y ODIOS, LOS BRAZOS DE MI MADRE SON MI TRINCHERA.

Queremos despejar la mente, pero la pereza acaba con todas nuestras endorfinas. El cuerpo no obedece, la mente está cansada, y aunque no hacemos nada, no conseguimos relajarnos. Recordamos que en algún momento estuvimos preparados para hacerles frente a los conflictos y a las actividades, pero últimamente la factura energética y fisiológica es tan alta, que no podemos pagarla.

En un mundo impulsado a una velocidad que nos hace sentir arcadas, es indispensable tener una reconciliación con la delicadeza de no hacer nada. Recibo las críticas más hirientes cuando publico una foto en la que contemplo la costa o disfruto un puro; no paran de llover críticas en las que condenan «mi pereza», sin saber cómo llegué a ella. Nunca faltan, como de costumbre, quienes insisten en que tomarse un descanso o disfrutar el momento son acciones contrarias a las

151

enseñanzas de Dios. Aún no han entendido que la Biblia hay que leerla, pero también hay que vivirla.

Recientemente leí un artículo que aseguraba que la Universidad de Nevada estimaba en 85.000 millones de dólares las pérdidas que la economía sufría por las distracciones causadas por las aplicaciones móviles. Al par de minutos que dedicamos a ver nuestros teléfonos durante el trabajo se le conoce como «ciberpereza». Pero siempre es lícito preguntar, y ¿cuánto le costaría a la economía que los trabajadores no se tomaran una pausa de un par de minutos?

Si bien es costoso que las personas vean su actualización de Facebook cuando se toman un café, ¿cuál sería el precio de no poder hacerlo? Estas desconexiones, si son moderadas, tal como lo recomiendan los ejercicios de enfoque, podrían repercutir en el aumento de la productividad. La presión y los excesos son una carga incluso para quienes están entrenados en actividades de alta demanda. En los pasados juegos olímpicos varios atletas de renombre sucumbieron al peso de las emociones y las exigencias. Desde las redes sociales estallaron las diatribas de si esto se les permite, con lo que terminan por echar más leña al fuego.

En el béisbol ha habido casos de jugadores que pierden la habilidad de lanzar la bola como consecuencia de crisis emocionales. Muchos terapeutas tienen la consulta copada de personas que sufren del síndrome de desgaste profesional o *burnout*, caracterizado por padecimientos somáticos y psicológicos relacionados con las presiones naturales del ambiente laboral, desde la carga de trabajo y las presiones de la supervisión hasta las propias relaciones interpersonales.

Hay quienes trabajan con ahínco y siempre están llenos de energía, pero eso se produce, en buena medida, por la vibración que se construye con los elementos que dan sentido al trabajo, lo que profundizaremos en próximo capítulo cuando exploremos el tema del propósito.

ME GUSTA MI MENTE CUANDO ESTÁ DESOCUPADA.

Hace poco subí a un escenario en Washington D. C., dicté una conferencia de más de tres horas y repetí el esfuerzo por cinco días consecutivos en cinco ciudades distintas, con 4.000 kilómetros entre ellas. Despertarme, viajar por horas, subir al escenario, atender a las personas que desean hablar conmigo. Repetir. Son jornadas extenuantes que logro disfrutar como si anduviera de vacaciones, en buena medida porque gozo del apoyo de un equipo entrañable y la compañía siempre reparadora de mi esposa.

Muchas perezas son perjudiciales, pero algunas son necesarias. Cuando no cuentas con espacios de quiebre que te permitan recargarte anímica y emocionalmente, es bastante probable que estés haciendo algo mal. Si tus procesos de descanso hacen que acumules culpas y aumentes la angustia porque no avanzas con los asuntos pendientes, aunque no estés haciendo nada, tampoco estás descansando. Simplemente estás huyendo.

Luego de acumular tanta tensión, emociones y pensamientos, llega el momento en que no somos capaces de gestionar, pues tenemos los motores vitales sobrecalentados.

153

Averiguar el origen de todas estas emociones dañinas y el porqué de la tendencia inconsciente a acumularlas será parte de la sanación de esta herida que tiene cara de pereza. La ácida verdad en la evaluación nos llevará a descifrar el problema emocional que se esconde detrás de esa extraña fatiga y la marea de pensamientos que nos ahogan.

PEREZA DINÁMICA

Sin duda, un exceso de inacción es una receta inconveniente para lograr nuestros objetivos; pero un desgaste físico, intelectual y emocional también terminará produciendo que sueltes el aire contenido.

Combatir nuestro estrés emocional y aprender a convertirlo en serenidad, paz, gozo y optimismo exige una limpieza mental detallada, la cual, paradójicamente, requerirá una enorme cantidad de energía que por momentos no tenemos; así que resulta importante encontrar maneras para recargarla. Yo, por ejemplo, he combinado mis momentos de recarga con una fuente inagotable de vitalidad: la imaginación.

Podría pensarse que imaginar se convierte en un desgaste, pero en mi caso me reabastece de poder. La imaginación sin riendas se ha convertido para mí en el arma en contra de la pereza que carcome: soñar sin reglas donde nadie me pueda interrumpir me ha ayudado a escombrar los lugares más olvidados de mi persona.

Cuando no puedo más, me retiro a un lugar donde pueda aventar mi cuerpo y dejarlo estar como él quiera, no busco forzarlo a nada, simplemente pongo mis manos en mi regazo, cierro los ojos, respiro ampliamente, y comienzo a ver todo lo que mi mente me propone, así sea un millar de ideas, solo las dejo fluir; y si alguna me entusiasma, la sostengo como un pequeño hilo que comienzo a halar con la intención de ver a dónde me puede llevar, me dejo tomar por las sensaciones que me producen sus colores, por si siento frío o calor, por las criaturas fabulosas que pueblan los bosques de mi mente.

PARA ESTADOS CREATIVOS, **LA DUDA**.

Cuando pierdo interés en la sensación, dejo que la idea se haga borrosa y que desaparezca, y de nuevo queda el pizarrón limpio, no me molesta empezar una y otra vez, me mantengo respirando profundamente y con tranquilidad. Dejo que mi cuerpo haga lo que él sabe hacer, sanarse, regularse, no interfiero tratando de controlarlo, lo dejo que sea sin contención, y si quiere dormir, duermo. Yo apuesto por el ocio como actividad productiva, siempre que sea mi decisión. El ocio como estado creativo puede ser altamente eficiente, ya que, al estar en un estado contemplativo y de baja exigencia, se suelen encontrar modos más rápidos y eficaces para terminar ciertas tareas. La leyenda dice que Newton vio caer esa manzana recostado en un árbol.

Sin embargo, todos, en más de una ocasión, hemos sucumbido irremediablemente ante la pereza destructora, porque en el corto plazo obtenemos un estado de bienestar, producto de la inacción que nos lleva a no asumir riesgo alguno. Esto abre un camino directo a la apatía, término que implica indiferencia de ánimos o ausencia de sentimientos, y que abunda en quienes suelen dejarle su vida al estado de ánimo que tengan en su día a día. Si caemos en ella, perdemos la capacidad de aceptar las obligaciones que establecemos con nosotros mismos y se convierte en una tortura el cumplir con los compromisos internos.

El desgano esconde las consecuencias dándote un placebo sin valor. Estamos en momentos cuyos estímulos son tantos y están tan disponibles que recuperarnos pasa a ser una hazaña. Nos hemos habituado a la gratificación inmediata y hemos perdido la capacidad de prosperar o disfrutar, absorbidos por una pereza que, en lugar de dinamizarnos, nos hunde más.

Por otro lado, está la desidia: hacer lo menos posible, conformarnos con «la intención es lo que cuenta». Si aprendemos a sentir satisfacción durante los intentos y no solo con los éxitos, nos veremos en una mejor posición para continuar avanzando hasta vencer la resistencia. Están los que dependen de si hace frío afuera, de si el sillón está blandito, de si hoy es el partido: las condiciones externas definen su empeño. Están los que le echan la culpa a su familia porque no les dieron el ejemplo o los que no van al gimnasio porque no lo tienen cerca.

Dedicarse un tiempo a la pereza es sano solo si esta es consecuencia de un intenso esfuerzo, no de pensar que la vía más corta es la mejor. La pereza sin cansancio es como atragantarse sin hambre. Esta es la actitud de los que tiran la toalla porque saben que no les toca recogerla. Acaban por ver la

AÚN NO
ENCUENTRO
RAZONES

PARA
NO
SER
YO.

vida como algo costosísimo, y a toda actividad, como un peso. Esto los lleva a crear algún trastorno de ansiedad o depresión. Este comportamiento no es un rasgo de personalidad, no está vinculado con ninguna tipología o eneatipo en particular, tiene más que ver con la adquisición y práctica de hábitos.

Sé que a veces te dedicas a aquello que quieres conseguir y que te da placer, pero no sabes encontrar placer en la satisfacción de esforzarte; por ello, hacer una revisión de la educación que recibimos puede ser crucial al tomar estos desvíos. La sobreprotección y el repudio a la iniciativa pueden ser su origen esencial. Estas actitudes fomentan la huida ante lo que nos provoca incomodidad, y es así como le tomamos manía al esfuerzo, sin darnos cuenta de la cantidad de beneficios que nos otorga.

¿CÓMO DAR AQUELLO QUE ES ESCASO EN TI?

Cuando esta actitud de pereza supera los límites de la negligencia pasa a ser peligrosa, porque modifica el comportamiento y, en lugar de convertirse en un descanso en el que encontramos paz, pasa a ser un mecanismo que nos la quita, ya que por ella comienzan a escurrirse factores de bienestar, como la estabilidad económica, el buen estado físico y la salud de las relaciones personales, factores todos que requieren dedicación y arresto.

Aunque puede ser placentero en lo inmediato, tendrá consecuencias devastadoras en el futuro; sobre esto volveremos en el próximo capítulo cuando profundicemos en el tema del dominio propio. Si nos dejamos llevar por estos excesos, consentimos la idea de que si una meta está lejos, es inalcanzable, con lo que perdemos las ansias de perseguirla. No apreciamos las ideas de largo plazo porque nos obligan a mantener estables ciertas conductas. En realidad, no queremos del todo una meta, lo que estas actitudes persiguen es conseguir el objetivo lo más rápido posible y con el menor esfuerzo.

Toda meta requiere esfuerzo, el cual, además, debemos mantener en el tiempo. Te invito a practicar algunas estrategias que me han funcionado para reforzar el entusiasmo y mantenerme en acción:

- Apostar por los pequeños progresos en mi plan de vida.
- Revaluar con honestidad mis objetivos; eso aumenta la motivación.
- Encontrar mis desviaciones en cuanto a mis objetivos; esto me permite corregirme y anticiparme.
- Celebrar los esfuerzos realizados, y levantar el ánimo, para evitar los estados emocionales contaminados.
- Darme recompensas proporcionales.
- Tener buenas horas de sueño y descanso.
- Dividir lo urgente de lo importante, de lo necesario y de lo prioritario, partiendo de mis convicciones.
- Enfocarme en los beneficios del hacer, no en sus dificultades.
- Divertirme, estimularme a través de actividades que me orienten hacia la inspiración.

- Atacar primero lo que no me gusta hacer en el día.
- Rodearme de contenido, información o gente que me inspire.
- Buscar estar saludable llevando una buena alimentación, haciendo ejercicio físico, etc.
- Evitar abarcarlo todo. No dividirme por dentro, imponiéndome cosas que no me acercan a mi propósito de vida y que me distraen y consumen mis energías.
- Desafiarme constantemente a mejorar en algún tema puntual.
- Eliminar la mayor cantidad de distracciones que limiten mi enfoque e impulso, es decir, todo aquello que no sume trascendentemente a mi vida.
- Practicar la humildad de pedir ayuda y hacer equipo.
- Fijar horarios y aprender que mantener el orden no es la guerra que uno puede imaginar. Hay mucho placer en avanzar.

×

Más allá de actuar motivados por las emociones, debemos funcionar con objetivos, es decir, obtener nuestra motivación de los pequeños progresos que nos ayuden a romper el fracaso anticipado y, con ello, ganar confianza para seguir avanzando y alcanzar el equilibrio, sin caer en una rigidez absoluta que nos lleve a la frustración de «lo hago porque lo hago».

En una discusión abierta, organizada por el Economic Club of Washington, Jeff Bezos, fundador de Amazon y CEO de la compañía por aquellos tiempos, reveló que una de las fórmulas con las que mejoró su productividad fue durmiendo más y mejor. Este pionero del negocio digital comentaba, entonces, que el descanso le permitía tomar mejores decisiones y que su trabajo consistía, primordialmente, en realizar esta acción de forma apropiada.

ALGUNAS VECES
EL MIEDO AL ÉXITO
ME IMPIDE DORMIR.

Mientras algunos «líderes de opinión» se burlan de las personas que duermen sus horas completas, estamos quienes al dormir bien gozamos de más y mejores horas productivas, y que, al igual que Bezos, consideramos que tomar decisiones adecuadas es la más importante de nuestras funciones diarias.

RECETA DE LAS DECISIONES

La vida es una secuencia de decisiones interminables. Algunas de ellas se cuelan sin ser percibidas en el momento, pero luego pueden tener un impacto por el resto de nuestros días. Si buscas cuántas decisiones tomamos en un día, encontrarás que son unas 40 por minuto. Obviamente, cada movimiento implica una pequeña decisión, pero buena parte de estas se realizan de forma casi automática. Sin importar cuán preciso sea este número, hay algunas de estas decisiones cuyas consecuencias nos perseguirán por años; algunas, por el resto de la vida: ¿con quién me casé?, ¿por qué no emigré?, ¿por qué me asocié con esa persona?, ¿por qué fui tan cobarde?

Cuando hacemos ejercicios de autoconocimiento, como los del capítulo anterior, comprendemos bastante mejor el porqué de muchas de esas decisiones que nos acosan; al saber lo que en el fondo perseguimos, entendemos por qué nos inclinamos hacia un lado o hacia el otro.

Ahora, dado que las decisiones pueden tener un papel tan determinante en nuestras vidas, es muy importante analizar cómo llegamos a ellas y estar dispuestos a desaprender, porque buena parte de los errores se producen debido a rutas mentales que repetimos sin saber, y que debemos hacer un esfuerzo por abandonar. Comienza con ganas de introducir una nueva forma de ver los hechos, pero hazlo con la intención de que esto te lleve a la adquisición de nuevos hábitos.

La toma de decisiones se compone, como en una receta de cocina, de un conjunto de ingredientes, procedimientos, técnicas y aparejos, pero que por mucho control que apliques a los métodos, el resultado estará influenciado por la calidad de los ingredientes, las condiciones externas y los conocimientos previos del cocinero. Algunos de estos factores podremos corregirlos, hay otros que deben ser compensados y, finalmente, quedan aquellos con los que no tendremos más remedio que saber que formaron parte del proceso.

Cada día comienza con la trascendente decisión de volver a cerrar los ojos o de levantarte a vivir tu día. Sé que algunas veces estas alternativas no se dan en entera libertad, pero no por esto dejan de ser decisiones. Si leíste *Las trampas del miedo,* recordarás que allí explico que el cerebro es perezoso.

Spoiler alert: esto no tiene nada que ver con tu inteligencia, sino que el cerebro busca las maneras de procesar información usando la menor energía posible, por eso recurre a atajos y automatizaciones para la toma de decisiones sencillas —como la vía para ir de la casa al trabajo—. El problema es que estas mismas rutas mentales se activan cuando llega el momento de tomar decisiones trascendentes que pueden redefinir los rumbos que tomará tu vida.

La toma de decisiones es un mecanismo complejo en el que operan varios factores, algunos primarios, que tú puedes controlar, y otros secundarios, que provienen del entorno y que no cambian de inmediato. Pero, para poner una analogía gastronómica, si los ingredientes no son los adecuados, no importa qué tanta precisión pongas en el proceso. Del mismo modo, aunque uses los más finos ingredientes, perderán todos sus atributos si no sigues los pasos adecuados. Como supongo que esto queda claro, volvamos al ejemplo de una cocción que deseamos que quede perfecta.

CONDÉNATE AL TRIUNFO DE TUS PASIONES.

El tema de los ingredientes tiene que ver con lo que introduces para tomar decisiones. Si te informas con fuentes de la peor calidad, el resultado será muy distinto de lo esperado. En los tiempos recientes, hay millones que se sienten más cómodos con lo que leen en una cuenta anónima en redes sociales que con lo que ha escrito un periodista profesional en un medio independiente. Lo mismo sucede con las apreciaciones individuales: hay quienes, sin asco, se comen lo que han preparado con chismes y enredos, esperando que eso los pueda nutrir. La manipulación estadística y la quirúrgica utilización de situaciones fuera de contexto levantan nubes de polvo que ensombrecen el cristal a través del cual se cuela nuestra percepción de la realidad, que por mucho que nos esforcemos será eso: una percepción.

Encontrar los ingredientes correctos tiene una amplia relación con dónde los buscamos. Otro aspecto importante tiene que ver con las preguntas que nos hacemos: obtendremos respuestas distintas según lo que nos cuestionemos. La calidad de lo que pongamos en la sartén también estará relacionada con el uso del lenguaje; varios estudios han evidenciado que las respuestas variarán si formulamos la pregunta desde diferentes perspectivas.

La formulación de las preguntas tiene tanto impacto en las respuestas como la verdad misma. Por ejemplo, si luego de un examen médico el doctor nos dice que «estemos tranquilos» porque debemos realizarnos una operación en la que el 90 % de los pacientes sale del quirófano sin ningún problema, tendremos una respuesta muy distinta a si el doctor nos dice que «lamentablemente» debemos someternos a una operación en la que el 10 % de los pacientes puede sufrir complicaciones. Son los mismos ingredientes, pero no la misma receta. Por lo general, terminamos cambiando nuestras decisiones ante una situación que vemos como una oportunidad de perder y no de ganar, aunque la posibilidad sea la misma. Son muchos los estudios que revelan que pensamos varias veces antes de saltar sobre las oportunidades, pero huimos de los riesgos al primer asomo.

Insisto en que el mayor problema con la toma de decisiones tiene que ver con los ingredientes que agregamos a la receta. Buena parte de estos vienen rancios por nuestros prejuicios. Es natural que descartemos información que contradiga nuestras creencias básicas y que resaltemos aquella que las reafirma.

Esto es como la sazón: aunque cada uno cuente con la misma información, cada uno de nosotros le agrega más de lo que le gusta a la receta final, incluso si no hace falta.

ALISTAR LOS INGREDIENTES

La única forma de saber cuánto de cada ingrediente le debemos poner a la receta de las decisiones es medirlos. Si eres una persona demasiado cautelosa, sabrás que todas tus recetas estarán un poco pasadas de prudencia; si, por el contrario, te gusta tomar riesgos, es posible que te sobre osadía. Esto hace que sea muy importante encontrar una receta estable e identificar qué estamos poniendo de más y de menos, para, al final del día, compensar y llegar a una decisión equilibrada.

¿ESTÁS ESCUCHANDO CON ALGO MÁS QUE CON TUS OÍDOS?

A LA CONFIANZA

NO SE LLEGA CON ATAJOS

Nuestro cerebro funciona como una fábrica que produce decisiones, pero estas dependen de cómo las programamos, por eso pongo a tu disposición una herramienta sencilla que puedes llevar a otros aspectos, concretos y abstractos. Esta receta está diseñada para decidir entre distintas opciones y que la dimensión subjetiva tenga el menor impacto posible. Una de sus principales ventajas es que, debido a que es esquemática y concreta, deja evidencia de los sesgos que operan en el procesador de decisiones que llevas dentro.

Pero antes de usar la herramienta, quiero que seas consciente de que la «mejor opción» no existe, porque cada situación individual es distinta y nuestras búsquedas están condicionadas por los parámetros que fijamos según nuestros intereses. Esto puede parecer obvio, pero la experiencia demuestra que buena parte de los errores se producen, precisamente, porque escogemos usando criterios que no son óptimos para nuestros intereses.

Para demostrar cómo funciona la configuración interna te pondré un ejemplo. Supón que deseas comprar una computadora y esperas obtener la mejor relación precio/beneficio disponible. Arranquemos por establecer que esa opción solo depende de lo que quieras; la opción idónea para escribir este libro no es la misma que para diseñar su portada; por ende, los factores por evaluar deben ser diferentes. En consecuencia, según la receta que usemos, obtendremos resultados distintos, aunque los factores evaluados sean exactamente los mismos. Esto aplica para escoger una casa, un negocio, una sociedad, un candidato e, incluso, para ciertas decisiones de tipo personal. En este ejemplo que hemos escogido hay decenas de aspectos que entran en juego, pero algunos aportan tan poco sabor al resultado final que no tendría sentido usarlos y mucho menos forman parte de la jerarquía.

El primer paso en el proceso es listar los criterios y seleccionar solo aquellos que tienen una relación directa con lo que quieres obtener. Como te decía antes, la relación perfecta está construida por las necesidades que cada uno desea satisfacer. Para este ejemplo usaré cinco ingredientes:

- Marca
- Precio
- Tamaño del monitor
- Procesador
- Memoria

Cada cual jugará con los pesos que le convengan. Si tu intención es tener un equipo para reproducir o desarrollar diseños, la tarjeta gráfica debería estar en la ecuación; si viajas demasiado, y pasas buena parte de tu tiempo en las salas de embarque, la duración de la batería entonces es un elemento clave. Las particularidades nunca acaban. Sin embargo, si uno de los criterios existe, pero tú le darías poco valor al final, no debes incluirlo porque lo único que conseguirás es entorpecer los cálculos sin que esto tenga demasiado que aportar.

Podrás pensar que me estoy contradiciendo porque la relación precio/beneficio tiene criterios subjetivos, y hace un rato te dije que debemos intentar eliminar la subjetividad de las decisiones. Y sí, has dado en el clavo: toda decisión tiene siempre componentes de subjetividad, el asunto es que debes ser tú quien esté en control de ellos, no al revés. Es preferible introducir estos aspectos —como diseño, marca o prestigio—, y saber que forman parte del juego, que introducir variables que no tengan importancia para ti.

ME ALCANZA
PARA SER YO **Y ME SOBRA**.

Luego de haber decidido la lista de ingredientes, pasemos a evaluar las propuestas. Supongamos que en el mercado hay cinco alternativas de computadores y quieres evaluar cuál es la más conveniente para ti. Te invito a hacer un cuadro como el siguiente y puntuar cada opción en cada uno de los criterios:

	Opción 1	Opción 2	Opción 3	Opción 4	Opción 5
Marca					
Precio					
Tamaño del monitor					
Procesador					
Memoria					

Hay muchas maneras de hacer este ejercicio, pero te recomiendo puntuar mediante una escala numérica, por ejemplo, del 1 al 5, independientemente del número de opciones; la debes mantener tanto si estás evaluando tres casas, como doce coches. Puedes usar también escalas de 7 y de 9, lo importante es que seas consistente.

Habrá elementos sencillos de evaluar, como el precio y la cantidad de memoria, y otros más complejos, como la marca o el diseño. Para los que son subjetivos, y debes asignarles una puntuación, como la marca, existen varias opciones:

- Utilizar algún *ranking* independiente: en la red hay muchas páginas que hacen evaluaciones y dan puntuaciones a las marcas.
- Consultar con expertos: eso sería usar varios juicios arbitrarios para crear una calificación.
- Eliminarlo: si no puedes llegar a establecer una comparación o si el aspecto en juego no se puede determinar, entonces debes replantearte usarlo. Si tiene un peso, debe ser posible ponerle un valor.

A continuación te muestro un ejemplo del cuadro ya diligenciado con la puntuación asignada a cada criterio en las diferentes opciones.

	Opción 1	Opción 2	Opción 3	Opción 4	Opción 5
Marca	5	4	4	3	3
Precio	4	4	2	4	5
Tamaño del monitor	4	5	5	3	2
Procesador	5	3	3	4	3
Memoria	2	3	4	4	5

Una vez tengas todo el cuadro puntuado, se te presentará una duda: ¿cuánto debes agregar de cada ingrediente para obtener lo que quieres? Es el momento de comenzar a escribir la receta. Por lo general, una preparación lleva más cantidad de unos ingredientes que de otros, de allí la sazón. Una forma sencilla de comenzar a saber cómo asignar los pesos es dividir 100 % entre el número de criterios. En nuestro caso, que son cinco, el equilibrio estaría en 20 %. Obviamente, si le damos este peso a todos por igual, ninguno pesará más que otro, lo que no es imposible, pero bastante improbable en la práctica. No estará mal, pero rara vez funcionará. La idea es que a las cosas más importantes les asignes un valor porcentual más alto, pero asegurándote de que la suma siempre sea 100 %.

La asignación de los valores porcentuales es subjetiva, por lo que el resultado puede cambiar de una persona a otra: justamente lo que estamos buscando. Para este ejemplo, usaré estos pesos para los diferentes criterios establecidos:

	Pesos
Marca	5 %
Precio	30 %
Tamaño del monitor	15 %
Procesador	40 %
Memoria	10 %

El paso siguiente es multiplicar la calificación de cada criterio por el peso asignado, de esta forma asignamos pesos a los atributos. Pongamos como ejemplo la marca: como vimos, la opción 1 tuvo una calificación de 5 puntos en este criterio; dado que el peso que asignamos fue de 5 %, debemos multiplicar la calificación por el peso (5 × 5 %), y obtendremos un resultado definitivo de 0,25 %.

NO SIEMPRE SÉ A DÓNDE VOY, PERO TENGO MUY CLARO **A DÓNDE NO QUIERO REGRESAR**.

Debes repetir este ejercicio para cada uno de los elementos que vas a evaluar y registrar los resultados en un cuadro como el siguiente, el cual, como verás, en la última fila contiene una sumatoria de los resultados por opción:

	Opción 1	Opción 2	Opción 3	Opción 4	Opción 5
Marca	0,25	0,2	0,2	0,15	0,15
Precio	1,2	1,2	0,6	1,2	1,5
Tamaño del monitor	0,6	0,75	0,75	0,45	0,3
Procesador	2	1,2	1,2	1,6	1,2
Memoria	0,2	0,3	0,4	0,4	0,5
TOTAL	4,25	3,65	3,15	3,8	3,65

Como puedes ver, el computador mejor calificado es el de la opción 1. Usando los mismos insumos, pero con otra receta, el resultado sería distinto, pero ambos serían perfectamente válidos. Con este método estás evitando que variables que no controlas o que no son relevantes terminen por determinar el resultado.

Si te cuestan los cálculos, en la página de apoyo de este libro, www.rugelibro.danielhabif.com, hallarás esta herramienta como archivo descargable; puedes aprovecharla para cualquier decisión en la que quieras evitar, al máximo, los sesgos.

LOS APAREJOS

Si te parece demasiado complejo el tema de los decimales y los porcentajes, te propongo otra estrategia para la toma de decisiones, que se enfoca en los criterios que usamos o descartamos a la hora de tomar una decisión. Volvamos al ejercicio anterior y eliminemos el exceso de cálculos; cocinaremos sin tantos trastos.

En esta ocasión, en lugar de asignar pesos porcentuales a cada criterio, vas a organizar la lista de criterios en orden de importancia. Una vez tengas esto definido, comienza por el criterio más importante para ti, revisa cuáles opciones son las de mejor puntaje en dicho criterio y selecciona únicamente las opciones que hayan calificado como «bien» o «muy bien» (en el caso de la evaluación numérica, corresponderían a 4 o 5, respectivamente). Las demás, elimínalas.

ÉXITO ES CONFIAR EN ALGUIEN **Y ACERTAR**.

Sigue con el segundo criterio en importancia y revisa las puntuaciones de las opciones que te quedaron por descarte. Una vez más, elimina las opciones que tengan calificaciones regulares. Continúa haciendo este ejercicio con los demás criterios hasta que solamente te quede una opción, que será la elegida.

De esta forma obtendrás una respuesta sin hacer ni un solo cálculo, solo priorizando y eliminando las opciones que estaban mal puntuadas en orden de importancia. La ventaja de seguir este método es que avanzas más rápido; sin embargo, es posible que te alejes de la «mejor» solución, que es aquella que construimos con la mayor cantidad de indicadores. Dependiendo de la complejidad de la decisión, puedes optar por el primer método —para decisiones que requieren mayor reflexión— o el rápido —para opciones más sencillas—. Este modelo también está disponible en la página complementaria de este libro: www.rugelibro.danielhabif.com.

Dejemos hasta aquí los ejemplos con números y cálculos que nos sirvieron para determinar la cantidad de cada ingrediente de la receta y vayamos ahora a explorar el segundo componente esencial en la toma de decisiones: el clima.

ANÁLISIS DEL CLIMA/CONTEXTO

La preparación de nuestras decisiones también está afectada por las condiciones externas. Las situaciones que vivimos dia-

El
vacío
es
enorme
si
solo
te
fijas
en
lo
que

no

tienes.

riamente reenfocan la percepción que damos a ciertos elementos. En el ejemplo del computador, eventos puntuales, como un mal reporte de la economía, pueden modificar la importancia que damos a un criterio determinado y llevarnos a una decisión totalmente distinta. Noticias, relatos, sucesos cotidianos que jamás hemos relacionado con el tema pueden detonar o modificar un factor que no era relevante antes de fijar los pesos.

Mientras escribo este libro, por ejemplo, el mundo vive una crisis energética. Si fueras a comprar un auto en este momento, quizás el «rendimiento» se convertiría en un criterio importante en el que nunca habías pensado.

El clima también tiene un peso en las decisiones sociales. Un ejemplo claro lo encontramos en la política: tu apreciación a un problema como la inseguridad, por ejemplo, aumentará su peso si días antes de una elección eres víctima de un atraco o se produce un evento público estremecedor. Es importante saberlo porque tu decisión vendrá marcada, en gran medida, por la asignación desproporcionada de un valor a ese aspecto.

Por esto debes ser consciente de esta realidad e intentar regular la manera como el clima te afecta cuando debes decidir, pues el resultado puede estar afectado por un hecho puntual que, al sobredimensionarse, reduce el peso que des a los elementos realmente importantes. Estar bien informados minimiza que hechos aislados recompongan nuestra apreciación de la realidad.

Lo importante es seguir trabajando en el mecanismo de construcción de un método propio para la toma de decisiones inteligentes, y acá es determinante la forma en la que obtienes información para sopesar la situación, especialmente en momentos en los que hay tanto acceso a datos manipulados e ineficientes. En tiempos recientes, pocas veces hemos sido objeto de tanto fraude, mentira y tergiversación como durante la pandemia de la COVID-19, y el resultado no fue el mejor.

MIS DISCULPAS A LA INTUICIÓN, **LA IGNORÉ**.

Además del clima del entorno en el que te mueves, también existe un clima interno, dado por las emociones que experimentas al momento de la toma de una decisión. Algo muy similar a lo que ocurre con Tita, en la novela *Como agua para chocolate* de Laura Esquivel, quien impregnaba la comida que preparaba con las emociones que experimentaba mientras cocinaba.

Podremos tener ingredientes de primera calidad y rescatar las mejores técnicas, pero nuestras emociones tendrán un impacto muy relevante en el producto final que vaya a la mesa. Esto es, además, algo de lo que debemos estar conscientes, porque es necesario compensarlo. Nuestras abuelas siempre nos dijeron que evitáramos tomar decisiones con la «cabeza caliente». Si estoy triste, quizás vea las cosas distintas de como las veo si estoy contento, pero el asunto es mucho más complejo que eso, y debemos hablarlo. Es sabiduría popular separar pensamiento y sentimiento cuando, al final, uno está moldeado con el cincel del otro. Lo único que podemos hacer para minimizar el efecto de esas cabezas «calientes» o «frías» es comprender que las decisiones que tomamos con alegría o tristeza extremas no serán, en ningún caso, los mejores ejemplos.

Las emociones extremas tenderán a producir decisiones extremas, sin importar si estas son positivas o negativas. Una persona excesivamente alegre tenderá a cometer errores similares a los de aquellos que sienten ira o buscan revancha. Es indispensable saber cuáles son los estados emocionales desde los cuales operamos porque se colarán en las decisiones.

Una vez has seguido paso a paso el proceso de la receta, seleccionando ingredientes de primera calidad, siguiendo la preparación de forma meticulosa y estando atento a que haya un clima propicio para que todo funcione, aún falta que te guste el resultado de lo que preparaste: llegó el momento de escucharte porque allí están los datos faltantes.

LOS FACTORES INVISIBLES

Hemos hecho un ejercicio para reducir la subjetividad en algunas decisiones. Luego incorporamos los efectos que tiene el peso que le damos a la información y analizamos cómo entran en juego nuestras emociones. Pero aún nos quedan por fuera otros criterios, más difíciles de controlar, que tienen que ver con aspectos que ni nosotros mismos tenemos bajo control, aunque podemos buscar mecanismos para hacerlo. Algunas veces, por muchas matemáticas que usemos, la clave está en conocernos más y mejor, como vimos en el capítulo anterior.

HERMOSO ES QUE NOS ESCUCHEN **SIN JUZGAR**.

Hacer estos ejercicios aislando los criterios nos ayuda a tomar decisiones más equilibradas, pero tiene otro beneficio del que no siempre se habla: nos obliga a sincerar qué queremos y por qué.

Esto último puedo explicártelo con la anécdota que me sirvió para descubrirlo: poco después de estudiar estos métodos de toma de decisiones, y como si hubiera querido ponerme a prueba, mi hermano me comentó que deseaba comprar un auto. Me sentí feliz, como si pudiera probar un juguete nuevo. Lo convencí de que usara un modelo como el que revisamos páginas atrás. Él escogió ocho criterios para cuatro modelos de vehículos; los evaluó con dedicación tras una búsqueda de información bastante meticulosa. Cuando llegó el momento de calificar, uno de los coches resultó ganador indiscutible. «No puede ser», me dijo, «hagámoslo de nuevo». Lo repetimos luego de ajustar los valores. El auto ganador volvió a salir con el mayor número de puntos, pero mi hermano seguía receloso.

Él quería otro resultado, su ego ya había escogido y solo necesitaba las cuentas para confirmarlo. Esto no significa que el modelo de cálculo esté errado, sino que él nunca les dio peso a factores que eran relevantes desde su configuración personal; no los metió en la ecuación, pero tampoco los sacó de su pecho: prestigio, diseño, afinidad y otros que quizás fue incapaz de reconocer —o que nunca quiso admitir—, como símbolos de poder en su ambiente social, evocaciones o vanidad. De allí que es importante saber si lo que hemos puesto en la ecuación responde a nuestros deseos más sinceros. Al comprar un coche, no creo que muchas personas agreguen a

179

sus cálculos el criterio «que todos me vean al pasar» o «me quiero ver como Brad Pitt», pero no por eso deja de tener un efecto a la hora de evaluar puntos mentales.

Herramientas como estas sirven para minimizar, jamás evitar, el sesgo de lo subjetivo o, por lo menos, para que tengamos el valor de admitirlo. Incluso usando un modelo matemático, estos factores pueden hacerse presentes en decisiones sobre qué auto comprarse o qué casa alquilar; aún más complejo es aislarlo de temas más personales como las relaciones, hacer un emprendimiento o qué carrera estudiar. Esto es algo de lo que se deben llevar cuentas.

Puede suceder que la imposibilidad de llegar a conclusiones tenga que ver con nuestra incapacidad de asumir las decisiones que nuestras acciones conllevan. Esto tiene que ver con la distancia que existe entre lo que queremos y lo que consideramos adecuado. ¿Puedo pagar las consecuencias del modelo de decisión que he tomado? Esta es la gran pregunta a la que nos enfrentamos cuando debemos dar peso a nuestras prioridades. Saber poner los pesos apropiados a cada criterio puede ser, algunas veces, una lucha entre lo deseado y lo correcto, entre lo que esperamos de nosotros y lo que otros esperan que hagamos. Resolver esta contienda es un proceso previo a cualquier esquema. Desdeñar la importancia de estos aspectos nos conduciría a una insatisfacción con cualquier resultado que obtengamos.

Pero no todas las decisiones importantes son nuestras. En algunos casos, las decisiones que nos interesan son las que toman otras personas sobre las que podríamos tener influencia. Para rugir necesitamos el eco de quienes pueden escucharnos y considerar nuestras ideas; de allí la importancia de saber influir en los demás.

RESONANCIA

La necesidad de persuadir es innata. Desde muy pequeños usamos todos los recursos disponibles para causar en otros las reacciones que esperamos de ellos. Entre nuestros primeros actos están llorar, gemir o tumbar las cosas para buscar la reacción de nuestros padres. Tienes esa habilidad, pero puede que solo hayas perdido un poco de confianza para hacerla funcionar.

Saber persuadir no se trata de que vayas por la vida consiguiendo que las personas actúen siempre a tu conveniencia manipulándolas maliciosamente; tiene que ver, en cambio, con maximizar los mecanismos que permiten acentuar tu voz. Vendrá a tu mente el valor de la influencia en las relaciones comerciales y personales, pero también es importante en áreas en las que quizás nunca te has atrevido a penetrar, como los campos conceptuales o la espiritualidad.

Debemos abandonar la idea de que persuadir es lograr que los demás acaten nuestra voluntad aun cuando no lo quieran hacer. Es mucho más que eso. No se limita a utilizar tácticas necesarias para vender un auto usado, más bien se puede convertir en una clave para cambiar de actitud o lograr cohesión, porque aprender a influenciar también permite conocer mejor las ideas de los demás y aumentar la tolerancia propia y la de quienes nos rodean.

NUNCA SE SABE QUÉ BOTONES **TOCAN** **CIERTAS PALABRAS**.

Ejercer influencia no es trabajo de uno solo, se hace posible en la interacción. Disponemos de todos los recursos para que la contraparte llegue a su conclusión. No siempre tendremos éxito en imponer nuestra visión, no sería bueno para nadie que eso sucediera. Contar con recursos para persuadir mejora la calidad de nuestra comunicación, permite que tus ideas ganen resonancia y aumenten el poder que tienen para influenciar en las decisiones. Hacer que tus ideas sean comprendidas, apreciadas y evaluadas genera beneficios inmediatos.

De alguna manera, siempre estamos expuestos a que deseen vendernos algo. Afortunadamente, no sucumbimos a todos los comerciales de detergente o de café. En primer lugar, no somos objetivo de la inmensa mayoría de los productos a los que estamos expuestos; solo unos cuantos mensajes están orientados a nuestro perfil o a nuestra forma de pensar. Pero aun cuando somos el centro de atención de ciertos productos, algunos obtendrán nuestro consentimiento y otros no. Al final, solo sucumbiremos a adquirir uno de los cien productos que intentan seducirnos.

Ante una influencia efectiva, nadie siente que haya perdido el control porque todos hemos podido evaluar las posibilidades y llegar a una conclusión sin presiones innecesarias. Pero en una frontera cercana encontramos la manipulación:

CREO QUE TU «HUMILDE» PUNTO DE VISTA **TIENE MIOPÍA.**

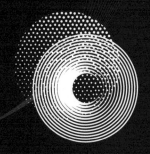

un dominio inhóspito, opresivo, dictatorial. Nos sabemos frente a la manipulación cuando solo existe un ganador. Podrá colarse disfrazada, pero no tardará mucho en ser descubierta porque se identifica rápidamente: siempre oculta entre dos males por escoger. La manipulación surge de la contaminación del alma; es rapiña, saqueo emocional. Es maleza cosechada que solo sirve para envenenar el suelo.

Ciertas técnicas psicológicas pueden convencer a jóvenes de sumarse a grupos de odio, a chicas de que solo cuentan con el activo de su cuerpo, a pensionados de invertir el esfuerzo de sus vidas en una pirámide hueca. Su poder es inmenso. Del mismo modo, se ha usado para el bien, para llamar a la paz y promover la solidaridad. Por ello es importante saber cuándo estamos frente a los juegos mentales que buscan modificar nuestras decisiones. No existe, en todo caso, un espacio donde esto se haya jugado con mayor destreza que en las tácticas de venta; esto no solo contempla las transacciones de productos y servicios, también incluye la difusión de ideologías y pensamientos doctrinarios.

Cuando intentamos influir sobre otros, vemos que existen varios factores que debemos monitorear. Para comprenderlo mejor, simplifiquémoslo como un modelo y veamos sus componentes más relevantes. En primer lugar, están quienes intentan producir la reacción; es decir, quienes desean persuadir. Llamaremos *blanco* a aquellas personas a quienes se desea convencer. Estas no son todas las que recibirán el mensaje, sino un grupo específico de ellas. La comunicación se produce a través de un *método*, el cual produce *respuestas*. Todos estos factores están encerrados dentro de unas circunstancias que afectarán el resultado. Por ejemplo, los mensajes de odio y violencia generan una respuesta en tiempos de progreso, y otros, muy distintos, durante crisis económicas y sociales, aun cuando el mensajero, sus blancos y el método sean los mismos. Como verás, eso tiene que ver con el modelo de toma de decisiones: los mismos ingredientes, pero diferente clima durante la preparación.

GRACIAS A QUIENES ME ENSEÑAN LO QUE NO QUIERO PARA MÍ.

La razón de hacer este análisis es conocer los factores que pueden permitirnos aumentar la capacidad de persuasión y, al mismo tiempo, poder protegernos cuando somos objeto de ella. De estos criterios, existe uno sobre el que siempre tendremos absoluto control: el mensajero, porque se trata de nosotros mismos y de la forma como nos perciben los demás.

MODELO DE INFLUENCIA

Como hemos visto, dos personas pueden obtener resultados distintos sobre un blanco similar, incluso con el uso del mismo método. Varios aspectos modificarán estos resultados. El principal de estos es el agrado. Somos más propensos a seguir a aquellos por quienes sentimos atracción. Las enseñanzas del Corán dicen: «Dios es bello y ama lo bello»; aunque Dios lo ama todo, algunas veces usamos su nombre para describir comportamientos que son completamente humanos. Esta belleza que menciona el islam en buena medida describe patrones de cómo nosotros, no Dios, tenemos una predilección por lo hermoso. Esto no solo se refiere a un atributo físico, también tiene que ver con la simpatía, la posición y cualquier otro criterio que aumente el atractivo de quien porte el mensaje. Nuestra especie siente inclinación por complacer a las personas que más le gustan.

Hay dos condiciones fundamentales para aumentar este atractivo: primero, parecerte al tipo de persona que el blanco desee ser y, segundo, ser alguien con quien compartamos similitudes. Las posibilidades de obtener una respuesta positiva incrementan si la solicitud proviene de una persona con quien desarrollamos afinidad. En conclusión, siempre debes buscar esa conexión genuina con aquellos a quienes deseas conquistar, método que, desgraciadamente, han aprendido bastante bien los tiranos modernos o los líderes de algún culto coercitivo.

La idea es que se establezca un punto de partida que sea relevante, como el gusto musical, el nombre o el lugar de origen. De esta forma, sería conveniente prestar atención a los elementos en común, y resaltarlos. Existen mecanismos para aumentar esa sensación de similitud; una de ellas es la imitación, que consiste en una delicada repetición de las palabras, gestos o acciones de la persona con la que interactuamos. La realización de este ejercicio incrementa los niveles de afinidad; y estos, el agrado sincero, que por su parte, hace crecer las posibilidades de tener éxito en una propuesta.

De todos modos, se debe destacar que la imagen positiva aumenta cuando se exhiben hechos, credibilidad, autoridad y conocimiento. Y esto es algo que no se construye sin esfuerzo y que no se puede imitar. Nuestra propuesta debe responder a un interés de quienes deseamos persuadir, debe haber algo que ganar. No se trata de un soborno o una bomba de humo, sino de lograr que la decisión de actuar se produzca como un hecho natural, sin coerción. Algunas veces ese beneficio no resulta tan claro; en esos casos, se produce indecisión, y esta suele traer un bloqueo. Para esto, lo más adecuado es encontrar apoyo de personas que tengan la misma perspectiva que deseas promover.

DESHACER LOS NUDOS
CON LOS DEDOS
DE LA CONFIANZA.

En China se usa la expresión «tres hombres hacen un tigre», y se refiere al impacto que tiene el recibir soporte concreto de tres fuentes. Más allá de la sabiduría oriental, hay estudios que cuantifican el impacto persuasivo que tiene introducir una tercera fuente. Esta frase proviene de la historia de un sabio consejero a quien el emperador hizo viajar lejos del palacio. Consciente de que, a su partida, lloverían chismes e intrigas de sus adversarios, antes de partir le dijo al emperador que debía cuidarse de los comentarios. El soberano insistió en que él no creería en nadie que le hablara mal de su amado consejero, pero este le preguntó: «Si alguien le dijera que hay un tigre en el palacio, ¿le creería?». De forma tajante el emperador dijo que no. «Y si junto con este mensajero, llegara otro diciendo que ha visto a un tigre, ¿le creería?». El emperador

187

insistió en que no. «Supongamos que antes de que estos dos mensajeros abandonen la sala, llega un tercero diciendo, alarmado, que ha visto un tigre. ¿Le creería?». El emperador dudó: «Pensaría que, por algún motivo inesperado, un tigre se ha escapado de cautiverio y se ha metido en el palacio». El sabio se quedó viéndolo y le dijo: «¿Ha visto, majestad, que tres hombres hacen un tigre? Lo mismo pasará con las mentiras que le cuenten de mí cuando yo parta. Consulte conmigo todo lo que le digan sobre mí».

El poder de la opinión de otras personas tiene su rasgo más triste no en los conocimientos psicológicos clásicos, sino en la cruda realidad del comportamiento de las sociedades movilizadas por masas embravecidas y alienadas por las más absurdas ideologías. Esto puede suceder hasta en las mejores familias, como bien lo muestra la experiencia alemana de hace casi un siglo.

Paradójicamente, un judío polaco concibió una de las investigaciones más elocuentes para demostrar cómo la opinión del colectivo altera nuestro raciocinio. Hace varias décadas, Solomon Asch condujo un proyecto en el que invitaba a grupos de estudiantes a hacer una prueba. Los hacía entrar en una sala llena de otros «participantes», que no eran más que secuaces del investigador. Los reclutados eran expuestos a una serie de figuras que contenían líneas de diferentes longitudes. La idea era que cada participante, siguiendo un orden preestablecido, indicara cuál de las líneas era la más larga. Los secuaces iban dando respuestas progresivamente erradas, y con estas tendencias del grupo se iban modificando las respuestas de los sujetos de la investigación. Los resultados de este experimento mostraron el impacto que la presión social puede tener en la concepción de la realidad.

Si uno de los secuaces del investigador daba una respuesta deliberadamente equivocada, el impacto sobre el investigado era mínima, pero esta influencia aumentaba de forma determinante cuando este número llegaba a tres o más respuestas «incorrectas». Es que tres opiniones pueden hacer aparecer un tigre.

En muchas ocasiones la opinión colectiva se forma de una manera espontánea y nos conduce con ella; pero también sucede que las movilizaciones son consecuencia de estrategias cuidadosamente planificadas, que causan un efecto de bola de nieve en la que unos pocos convencen a otros, y esto lleva una avalancha de mentiras a sus máximos extremos.

Los estudios de Asch evidencian que una persona totalmente racional puede ser presionada hasta que su comportamiento se desvía de una conducta ecuánime. Los resultados son contundentes para demostrar que las reacciones de un grupo pueden conducir a un comportamiento impropio o alejado de la realidad.

EN OCASIONES NO CAEMOS EN LA TRISTEZA, **A VECES NOS EMPUJAN**.

Por este motivo, las empresas hacen tanto esfuerzo en mostrar la adhesión de muchos seguidores. Es una práctica común en los centros nocturnos crear condiciones para acumular gente en la entrada del local, y así generar la idea de que hay

Le entregué el corazón porque me ofreció el alma.

una multitud ansiosa por entrar, aunque en el interior haya espacio para muchos más clientes de los que esperan afuera. En política hay una competencia por cuál candidato genera la mayor concurrencia en sus mítines, lo que se convierte también en una lucha de percepción. «El libro más leído» o «el parque más visitado» son típicos mensajes que no se enfocan inicialmente en los atributos intrínsecos, sino en generar la idea de que si a muchas personas les gusta, debe ser excelente.

Uno de los mendigos de la zona donde vivo siempre comienza la jornada con la cesta a medio llenar. Es el que más dinero recibe. Puede que pienses que la cesta vacía le daría más puntos porque la gente siente pesar. Pues, no. Mostrar dinero en la cesta es una forma de comunicar que otras personas le dan, que es una norma, que tiene aprobación. El comportamiento de los otros genera esa reacción. Por ese mismo motivo, quizás, varios influenciadores compran seguidores falsos.

Si bien solo hacen falta tres personas para hacer un tigre, la palabra de alguien poderoso puede hacer aparecer una manada. Alguien en posición de autoridad tendrá un efecto similar al de un grupo, con la diferencia de que es una sola persona. La autoridad, como siempre, será relativa al punto de comparación; por ejemplo, un amigo médico puede ayudarnos a convencer a nuestra pareja de cambiar algunos de sus hábitos alimenticios, o un contador, a que deje de derrochar; las dimensiones pueden variar. Las personas que ejercen un liderazgo concreto, como nuestros jefes o quienes dirigen algún proceso, también gozan de esta potestad. La autoridad se ve reforzada con símbolos de poder, como batas y uniformes. Esta situación aumenta los riesgos ocasionados cuando ciertos líderes, que cuentan con vastos recursos orientan la opinión pública en direcciones que ellos saben que son falsas.

Así como la aprobación es un recurso, la autoridad también lo es, de allí que sean tan demandadas las recomendaciones de personas que son referencia en sus áreas de experiencia.

LA MANIPULACIÓN DEL REGALO

La mayor contribución en la materia de influencia puede atribuirse al trabajo de Robert Cialdini, profesor de psicología y de mercadeo que hizo una exhaustiva investigación sobre las principales metodologías de venta. La revisión de estas tácticas, desde la perspectiva de su formación sobre cómo opera la toma de decisiones, le permitió esclarecer por qué algunas de estas, varias de ellas empíricas, gozan de tanta efectividad. El trabajo de Cialdini ha tenido un formidable impacto, no solo en el mundo académico —que le ha valido para su incorporación en la Academia Estadounidense de Ciencias—, sino también en el ámbito editorial, donde sus libros se han convertido en *best sellers*, precisamente porque se han transformado en guías para millones de vendedores en todo el mundo.

CUANDO LAS PALABRAS
COMIENZAN A DESGASTARSE,
**LOS HECHOS
EMPIEZAN A HABLAR**.

Una de las tácticas que más me han impactado lleva el nombre de un gesto hermoso, aunque en este caso no sea espontáneo: reciprocidad. Cialdini identificó en sus investigaciones que es natural la tendencia a devolver gestos a quienes han hecho algo por nosotros. Veamos cómo funciona, para identificar cuando alguien quiera utilizar este recurso, pues debemos saber si nuestras decisiones están siendo influenciadas por esto.

La reciprocidad consiste en entregar algo con la intención de abonar el terreno para obtener un beneficio a cambio. Quienes viven en países donde sí funciona el correo, podrán comprobar que reciben gran cantidad de correspondencia que contiene «obsequios». Los predicadores de ciertas creencias se han hecho famosos por dar regalos como flores, libros o estampas para conseguir con ello la disposición de que les den, al menos, algunos minutos de su tiempo, pues luego de recibir un presente se derrumban las barreras que suelen tener las personas para escucharlos. Esta práctica fue copiada luego por los mercadólogos, especialmente para promover servicios y suscripciones, y muchas veces pasa inadvertida, como cuando fuiste con amigos al restaurante y el mesero les dijo: «Aquí les traigo una ración extra de nachos, pero no se preocupen, que esta va por la casa». Seguro se ganó una buena propina. Es un gesto recíproco.

La idea con esta información es ayudarte a identificar cuándo estás siendo influenciado, pero también mostrarte por qué estas prácticas son tan efectivas y te cuesta reconocerlas. Dos criterios necesarios que se deben cumplir son:

- Que el obsequio sea sincero. Esto descarta buena parte de los «regalos» que recibimos, llenos de publicidad. No dudamos en desecharlos y pierden toda su validez.
- Que sea moderado, porque la desproporción abrirá las alertas. Tiene que ser un gesto, no una carnada. Una ofrenda excesiva puede llevarnos a pensar en que recibirla puede tener un costo. No pasaría inadvertida.

Ya conociendo esta práctica, puedes estar más alerta, no necesariamente inmune. Para evitar caer en estas trampas, lo recomendable es siempre revisar las causas por las que tomas la decisión de comprar, de contribuir o de ceder en tu posición. Debes saber si tus decisiones están siendo afectadas por favores externos; en caso de ser así, debes fijar claramente tus posiciones y no modificarlas ante presuntos beneficios recibidos por la contraparte.

Algunas veces podemos entregar algo que no sea tangible o no tenga valor económico, como una concesión. Por ejemplo, ceder ante los deseos de otro. Las condiciones se pueden generar de tal forma que la persona que desea influenciar quede con un saldo a favor.

En resumen, tenemos varios mecanismos sociales para conseguir influenciar de forma positiva a los demás: consenso, agrado y reciprocidad. La persuasión es el paso previo al rugido porque con ella consigues que tus ideas lleguen a puerto seguro.

LA COMUNICACIÓN
HOY EN DÍA
ES UN CAMPO MINADO.

La posibilidad de desarrollar destrezas para que nuestras ideas ganen resonancia nos alista para soltar el grito que derretirá los hielos del pasado. Pero de nada servirá ser influyente si con ello atropellas y afrentas. En la medida en que ganas mayores capacidades para conseguir influencia, debes empeñar el doble de esfuerzo en demostrar que tienes dignidad para portarla.

DARLO TODO

La influencia eficaz, como una espada radiante, es un estandarte que debemos saber portar. Necesitamos tenerla en una funda de responsabilidad y decoro, de prudencia y humildad. Esto lo podemos resumir con la gracia de la amabilidad. ¡Qué gran virtud tan olvidada!, fruto podrido de la contención contemporánea del egoísmo propio y de la falta de empatía. Vamos tan rápido, que aquello que sentimos en los pies mientras caminamos son pedazos de otros que pisamos sin darnos cuenta.

Pero qué bella y sublime es la amabilidad que el ser humano alberga como fruto del buen espíritu. Encontrar a un ser amable es dar con alguien que tiene un gran aprecio por la dignidad humana y por todo lo que está alrededor, ya sean animales, plantas o cosas. El ser amable tiene una virtud especial, la de reconciliar al individuo universal. Somos amables si somos amigos, si somos genuinos. Aquel que es amable con los demás es «digno de ser amado», que, de hecho, es parte de la traducción del latín *amabilis*: digno de amor.

Qué difícil es no dejarse llevar por el enojo, el fastidio, el dolor físico, la rabia, la apatía o los malos gestos y descortesías con los demás. Por ello, entrenar la amabilidad debería ser un asunto primordial en la sociedad, en el hogar o el trabajo. La amabilidad nos ayuda a evitar caer en la ley de la selva. La amabilidad es una de las características más importantes de la nobleza del corazón. Ser amable también es un talento que cuesta cero centavos, pero agrega mucho valor a todos en la vida comunitaria. ¡Qué dura es una relación humana cuando hay que tolerar o sobrellevar a una persona descortés o malhumorada! Esa gente de gesto destemplado y energía tenebrosa. No sonríen, solo hacen muecas. Ennegrecen todo a su alrededor. Se piensa que la palabra *amable* se dice fácil o pronto, pero qué difícil se nos hace decirla debido al hartazgo, a la indiferencia, al cansancio moderno que no deja espacio para lo más bello de la humanidad. Nuestros días pasan, al lado de las personas que más amamos, en silencio y en la frialdad del gesto severo.

Nos enfriamos por la falta de amabilidad de otros, y por ellos desconfiamos de la humanidad. En su ausencia, olvidamos abrazarnos el alma y se nos seca el corazón. Dejamos de encender el amor en otros cuando damos la espalda a la amabilidad. Ser amable es aprender a vivir entre lo poco y lo mucho, es transformar lo opaco en brillantez, es ser fuerte más allá del músculo.

SER AMABLE ES
ENCENDER EL AMOR
EN LOS DEMÁS.

Sé amable, sé una antorcha que encienda el amor y la ternura en los demás. Sé amable y desarma el corazón de los otros. Sé amable y provoca la paz en todo lo que estás, donde te encuentres.

Pero ten cuidado porque al confundir la amabilidad con el compromiso, cientos de veces nos hemos dicho: «Yo lo doy todo». En general, eso está muy bien, aunque en ciertos casos se presentan situaciones en las que, a pesar de sonar románticos, poéticos y hasta delicados, no nos damos cuenta de que nos exigimos de forma tiránica, hasta drenarnos. Entregamos incluso lo que no tenemos, como un apostador que espera ganar doble o nada cuando se juega sus últimos bienes.

Hay algunos que llegan a darlo todo como un mecanismo de manipulación; son los mismos que callan para evitar un conflicto, pero viven el conflicto de no decirlo. Están los que dicen vivir sin apegos, pero se quejan de que nadie les paga los gastos. El entorno acaba aprovechándose de quien anhela de forma absurda la felicidad de los otros y olvida la propia. Van y salvan a una persona y después tienen que salvarse de ella. En su mundo íntimo no han descubierto su dificultad para ser felices. Para ellos todo placer genera culpa. El deleite los angustia y avergüenza, no se permiten ser felices porque han creído que el dolor es la manera adecuada de expresarse. No conocen otra historia que no sea la de sufrir por otros.

NO SE TRATA DEL SUSPIRO,
SINO DE QUIEN LO PROVOCA.

Si bien la empatía nace cuando el dolor ajeno está en tu corazón, solo será valiosa si tu corazón está pleno de amor. Ellos no se atreven a gozar de la vida más que a través de otra persona. Dicen que aman a los demás, pero eso no tiene sentido si no se aman a sí mismos. El amor humano no es inagotable como el amor ágape, como el amor de Dios, cuya fuente es interminable.

Es cierto que hay quienes dan su tiempo, su esfuerzo y su dinero, y dicen que es gratis, pero su desequilibrio emocional entra en bancarrota. No se protegen, nunca reservan tiempo para sí mismos. Dan esperando recibir, y eso los hace esclavos de un vacío, se deben a sí mismos cuotas masivas de amor, y acumulan millares de decepciones, porque el mundo no ama de la forma en que entienden el amor.

Si lo que has leído en los últimos párrafos te resuena, revisa tu corazón. No deseo que te sigas decepcionando del mundo porque no recibes lo mismo que das. Darte tiempo es darte felicidad, porque nadie nos vendrá a salvar de nuestros propios vacíos, no nos queda más remedio que usarlos, tú escoges si para quebrarte o para tomar impulso. Se puede correr para huir o para tomar vuelo.

LA VENGANZA DESTRUYE, PERO **EL PERDÓN ES DEVASTADOR**.

Si quieres rugir, debes contener el aliento con fuerza antes de dejarlo salir, puede ser un suspiro, puede ser un bramido; tú eliges. Del mismo modo, el dolor puede ser como ese temporal que puede levantar tu vuelo o en cuyos fangos te terminas de hundir.

Sin dolor, la vida pierde gran parte de su sentido; la muerte es la fuerza que vivifica y devela el propósito de nuestro andar.

LOS VALIENTES

Desde mi infancia estuve expuesto y dispuesto a trabajar bajo situaciones extremas, aprendí a bregar entre las fieras y las lanzas. Me educaron las ausencias y las sole-dades; por eso no me tiembla la mano cuando debo correr riesgos, porque lo he perdido todo y, aun así, Dios me ha dado la fuerza para provocar grandes resultados en las peores condiciones.

La vida me fue enseñando a no esperar las circunstancias perfectas, sino a provocarlas. El pedregal me forjó para hacerme la reputación de aquellos que cumplen misiones que parecen imposibles, sueños aterradores; soy de esos que hacen la diferencia entre la derrota y la victoria. Tengo la incalculable fortuna de contar con un equipo hermoso que me ha permitido tocar cumbres; sin ellos no las hubiera conseguido, y mucho menos las anhelaría.

Te agradezco por apoyar a este tipo atestado de errores que soy, pero que ama profundamente servirte con el alma. Así como es posible que tú ahora estés rediseñando el mapa de tu vida, hace muchos años tomé la decisión de vivir para entrenarme diariamente mientras que otros solo suspiraban por sus sueños. Yo me enfilé en las líneas de ese ejército eterno, y ahí aprendí, bajo el manto del General Celestial, a soportar las dudas, las incertidumbres, los juicios y las traiciones. Aprendí a caminar en el fuego cruzado, aunque me temblaran las piernas. Vivo modificando mi mente para estar dispuesto a tolerar altas temperaturas y presiones, y así derribar las fortalezas del enemigo, los muros de la opresión, y ahora, por fin, las cadenas no detienen mi vida.

Conozco la dura disciplina de las cuevas, y nunca me he acostumbrado a las comodidades ni a la holgura. ¿El motivo? La muerte cada día está más cerca. Pero, ojo, esto no me desalienta, pues la espero portando la vara de lo eterno que me infunde aliento ante cualquier valle de sombras o de muerte.

Aprendí a vivir intensamente porque soy consciente de que existe la posibilidad de que mañana no vea una vez más la puesta del sol, y por eso actúo con energía, con pasión, estoy lleno de vigor y mis sueños son del tamaño de Dios. En Cristo aprendí a no negociar con la duda, y en Él soy capaz de esto y de más. En Él soy todoterreno, me gustan los caminos empedrados y las vías menos transitadas; y aunque estoy repleto de errores y ansiedades, no escapo de la sensación de ahogo porque no veo el dolor como un problema, sino como una oportunidad para cabalgar salvajemente. Yo tomo la angustia y le pongo la bota en el cuello al dolor.

SOY DE LOS QUE PELEAN BATALLAS POR OTROS, **SOLO POR VERLOS SONREÍR DE NUEVO**.

ELIJO AMAR

con todas sus
consecuencias.

Luego de los procesos de autoconocimiento y afinación de tus esquemas de trabajo por los que hemos atravesado en los dos primeros capítulos de este libro, llegó tu momento de ser valiente, cumplir con mayordomía los compromisos de la vida y aprender a rugir, porque los que rugen no ponen pretextos, vencen el cansancio, la pereza y la desidia, y nunca presentan excusas. Son diligentes hasta la sepultura.

Los que rugen saben que su destino es una decisión, no se lo dejan al misterio ni, muchísimo menos, a los humores del día. Se adelantan porque son audaces, aprovechan una oportunidad tras otra, vengan como vengan disfrazadas. Los valientes reconocen a otros valientes y se juntan con ellos, juntos conquistan sueños. A los valientes los reconoces fácilmente porque llevan un traje de piel manchado, rasgado, una boca sin dientes, pero van sonriendo por el gozo que provoca hacer lo imposible. No hay valientes con trajes impolutos.

Rugir no es un eslogan, mucho menos una palabra simple. Rugir es una meta diaria y superior, es una forma de vida, es una visión divina.

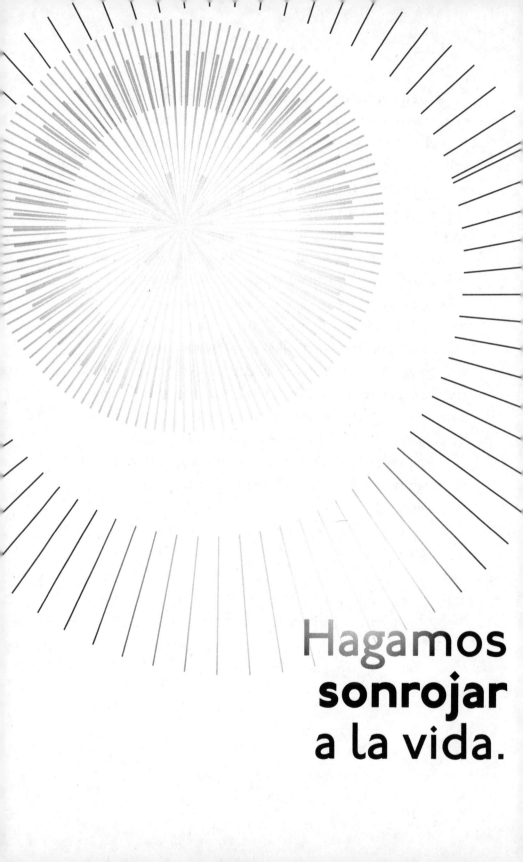

Hagamos
sonrojar
a la vida.

Capítulo 3

RUGE

Llega el día en que dejas de esperar y despiertas con la actitud de quien tiene la certeza de haber contenido por demasiado tiempo lo que quiere gritar. Tu pecho hinchado de esfuerzo y pasión es más recio que las armaduras de acero y contiene la poderosa energía de las artillerías de lo eterno. Bocanadas de fuego son tus ansias de vencer; incendios incontenibles son tus ganas de arrollar las dudas que se fueron depositando sobre ti, los reproches y burlas que recibiste al insistir en irte preparando para desatar la irreprimible fuerza que llevas dentro.

Este es el momento en que necesitas mantener más firme tu voluntad, resistir con persistencia y entender que el dominio propio te permitirá sellar la fuga por donde puede colarse la presión que has concentrado. Te servirá de sable para defenderte de las tentaciones de los gozos inmediatos y del canto de sirena de las debilidades. No te debes solo a quien eres ahora, sino a quien serás luego de que despliegues la metralla de tu talento.

Con todas las piezas que has coleccionado acerca ti, y con la maestría acumulada para disponerlas con estrategia, podrás combinar tus deseos con tus habilidades, la rentabilidad con tus aportes. Esto no deja de lado que tu desarrollo trae, de forma natural, un crecimiento en tu bienestar personal, en tus recursos, en tu libertad, en tu disfrute y en tu productividad. Este mapa recrea el campo de batalla donde tienes que irrumpir.

AMANDO. NO CONOZCO OTRA FORMA DE VIVIR.

Una vez que decidas comandar la avanzada de tu grito, nadie podrá detener tu camino hacia la victoria total, pero esta no vendrá sin cambios: dejarás atrás a esas personas que te han anclado al pasado, reconstruirás lo que comprendes como errores y hasta tendrás una nueva perspectiva del día final.

Claro que dolerán las pisadas sobre el campo reseco de traiciones y mentiras, claro que habrá distorsiones que intentarán apagar lo que te retumba por dentro; claro que el combate también implicará retrocesos y derrotas. Aun así, esta es la fase definitoria, la que impedirá que te devoren tus miedos y dudas, las falsas limitaciones que te has impuesto y el sordo ruido de las críticas que no te dejan escuchar que ha llegado tu oportunidad.

Ruge, porque no te queda otra opción que escoger entre el trueno y el silencio.

DOMINIO PROPIO

Soltar el rugido va más allá de un momento de entusiasmo, ya que compone un conjunto de esfuerzos. Este grito de hoy solo es posible porque está compuesto de muchos latidos contenidos cuando tuvimos deseos de soltar, de no seguir resistiendo, de tomar una bocanada dulce, aunque en ese suspiro perdiéramos la intensidad del torbellino.

Cuando decides avanzar de la fase de inflamar a la de rugir, estás renunciando a todas esas cosas que te ponen atrás, y para no volver a ellas necesitas un ingrediente indispensable: el dominio propio, que es la fortaleza a la que echamos mano para manejar nuestros deseos, emociones y conductas cuando necesitamos inclinarnos hacia lo que consideramos correcto y que, además, nos ayuda a lograr nuestros objetivos.

Un buen ejemplo de dominio propio es el autocontrol que nos lleva a preferir una hora de entrenamiento intenso en el gimnasio a quedarnos echados en la cama con el teléfono como todo paisaje, a elegir el agua en lugar de la soda, el estudio por encima de la fiesta. La clave en este proceso es que estamos cambiando una ganancia por otra: la de un placer inmediato y tangible por otro lejano e indefinido. Evitamos comernos una deliciosa barra de chocolate porque tenemos un motivo claro: mejorar la salud, el peso o la figura, pero ese beneficio no sucederá en el corto plazo; adicionalmente, nuestro objetivo final no depende únicamente de ese pequeño sacrificio puntual, sino también de un conjunto de ellos. En cambio, el gozo que nos produce comerla sí se puede abarcar de forma completa en cantidad y tiempo. Estamos rechazando una gratificación segura y definida por otra mayor pero incierta. No existe mayor placer que el de vencernos a nosotros mismos; jamás te arrepentirás de la disciplina del ayer y tu yo del futuro siempre estará orgulloso de ti.

Piensa que no son distintas las tentaciones que provienen de ciertas emociones, impulsos o deseos que debemos controlar en beneficio de obtener prosperidad y calidad de vida.

El dominio propio no es un concepto de reciente factura, ya desde la Palabra hemos sido aconsejados: «Más vale ser paciente que valiente; más vale el dominio propio que conquistar ciudades» (Proverbios 16:32). Lo dice una vez y luego lo enfatiza delicadamente al insistir en que el dominio propio es más grande que los tesoros de todos los saqueos de los reyes y de sus ejércitos. Las fortunas son más que recursos por extinguirse, con el dominio propio siempre podemos generar más.

MI RETO SIGUE SIENDO
PREGUNTARLE MENOS A DIOS
Y HACERLE MÁS CASO.

A quienes consideran que los textos bíblicos son insuficientes para explicar los fenómenos humanos, les contaré sobre un trascendente estudio científico cuyos resultados coinciden con la sabiduría contenida en las Escrituras. Además de lo revelador de su contenido, esta investigación está enriquecida con la ingenuidad y la inocencia que solo los niños pueden aportar. El experimento se realizó con alumnos del preescolar Bing Nursery, cercano a la Universidad de Stanford, donde estudiaban las hijas del director del proyecto, el profesor de psicología Walter Mischel.

Mischel provenía de una familia judía que había abandonado su país, Austria, cuando este cayó bajo el dominio de la Alemania nazi. Establecerse en Brooklyn, como otros miles de desplazados, tuvo un impacto transformador en aquel niño y dejó siempre encendida, en el hombre e investigador que se formó con los años, una antorcha de búsqueda sobre los factores que determinaban el empeño y la superación. Comprender la configuración del dominio propio fue un enigma que, durante largo tiempo, Mischel deseó resolver, lo que encontró en la candidez de los niños del Bing Nursery.

El estudio que su equipo desarrolló en ese preescolar es, en mi opinión, uno de los más finos y provechosos hallazgos en la historia del estudio del comportamiento humano, no solo porque sirvió para ilustrar claves de por qué se producen éxitos y fracasos, sino además porque permitió monitorear los efectos que el dominio propio tiene en dimensiones más íntimas de la vida.

El grupo de investigadores comenzó una serie de pruebas para saber cómo los niños se enfrentaban a la necesidad de escoger entre un beneficio inmediato o uno futuro. La prueba se realizó con alumnos que fueran mayores de tres años (suficientemente grandes para comprender las instrucciones), pero menores de seis (suficientemente inocentes en el cálculo de sus reacciones). Como señuelo hacía falta algo que ellos pudieran comprender como valioso y que al mismo tiempo sirviera para reflexionar sobre las instrucciones, por lo que se escogió ponerlos a decidir sobre comerse una golosina o comerse dos.

Antes de continuar, quisiera comentar que los estudios científicos, como este, suelen ser bastante más sofisticados que la forma en la que solemos contarlos; para ser breve y didáctico, simplifico algunos de los procedimientos, pero no así los resultados, cuyas conclusiones son tal como las expreso en este capítulo. Ese estudio en particular, es aún más complejo debido a que se prolongó durante décadas. Como sé que este tema va a fascinarte, te invitó a leer el relato del propio Mischel en el libro en el que resume los hallazgos de su investigación de cinco décadas: *El test de la golosina: Cómo entender y manejar el autocontrol* (2015).

Más que un procedimiento científico, este estudio recuerda una broma sacada de un programa de cámara escondida. Los investigadores conducían a los niños a un área de la escuela a la que bautizaron como «la sala de las sorpresas». Tras ganarse la confianza de los pequeños, la colaboradora les proponía un reto: les decía que ella dejaría sobre la mesa una golosina y saldría del salón por un tiempo; si al volver, los alumnos evaluados no se habían comido el dulce, ella los premiaría entregándoles otro adicional.

SOSTENER ES
UNA PALABRA HERMOSA
Y EN PELIGRO DE
EXTINCIÓN.

El desafío estaba claro: comer uno sin espera y seguro o hacer un sacrificio de esperar por la promesa de obtener el doble. En el lenguaje que nosotros iremos explorando, podemos verlo de esta manera:

Gratificación inmediata: es el dulce que la investigadora deja en la sala. Podemos disfrutarlo en este momento, sin hacer el esfuerzo de esperar por ella, del mismo modo en que gozamos de algunos placeres, aunque estos sean contraproducentes para nuestros deseos.

Gratificación diferida: es el placer de comerse el doble de las golosinas, producto del esfuerzo que implicó esperar por una recompensa superior. Nos causa incomodidad en este momento, pero confiamos en que valdrá la pena porque ese esfuerzo nos conduce a un placer superior, como sacar buenas calificaciones tras haber renunciado a varias salidas con los amigos en tiempos de exámenes.

Desde el primer momento, los resultados fueron reveladores: lo primero que encontraron los investigadores fue la serie de recursos que los pequeños, incluso los más jóvenes, utilizaban para autoconvencerse de esperar; por lo general, entendían que valía la pena aguantarse, aunque no lo hicieran. De forma natural, entendemos que los sacrificios tendrán, a la larga, una conclusión favorable. No es necesario llegar a la adultez para comprender que despertarnos temprano para estudiar será, a la larga, una mejor opción que quedarnos acostados. Esto es algo que sabemos, nos levantemos de la cama o no. Este convencimiento interno nos lleva desarrollar métodos que nos ayuden a contener el deseo de morder las carnadas que el placer inmediato nos regala.

Lo que los niños hacían durante esa espera en la *sala de las sorpresas* revela cuán difícil es superar esta prueba. Algunos se alejaban de la tentación con estrategias como darle la espalda a la golosina o taparse los ojos; otros se le aproximaban, la acariciaban o se la frotaban por el rostro sin llegar a morderla.

Varias veces, para tentar a los niños se utilizaron malvaviscos —golosina muy popular en los Estados Unidos—; por ese motivo, a este estudio se le conoce popularmente como *El estudio de los malvaviscos*. Por ese nombre, podrás encontrarlo en libros, videos y referencias. Si te quieres divertir, busca en internet videos relacionados con «la prueba del malvavisco»; esto de ayudará a comprender mejor el experimento y comprobarás los enormes esfuerzos que realizan los niños sometidos a esta prueba por lograr el mayor de los beneficios posibles.

EL PODER DE LA ESPERA

Luego de la publicación de los primeros resultados, el tema se fue olvidando en los círculos científicos, pero, con el paso del tiempo, Mischel quiso saber qué había sido de la vida de la treintena de pequeños que habían parti-

VERSE
EN EL
ESPEJO

NO

BAJARLE

A LA

MIRADA

AL

REFLEJO

cipado en aquel proyecto. Volvió al colegio con un grupo de preguntas, y las respuestas fueron impactantes: los mismos niños que habían mostrado mayor fortaleza para obtener el segundo malvavisco exhibían, luego de algunos años, un desempeño superior en buena parte de los indicadores escolares y sociales básicos. Esta diferencia no sucedía porque estos fueran más inteligentes o provinieran de hogares más educados o adinerados; el único factor común entre ese grupo de niños era su capacidad de autorregulación, que se constituía en un combustible esencial para lograr los objetivos.

ME LLEGÓ LA CUENTA
DE VARIAS ESTUPIDECES
QUE DEBÍA PARA ESTE MES.

Desarrollar el dominio propio es el detonador de un impulso personal. Quienes muestran capacidad para resistirse a disfrutar un placer inmediato con la intención de obtener otro mayor tienen muchas más probabilidades de alcanzar el éxito en sus diferentes dimensiones.

Imagina que te has trazado una serie de propósitos que solo puedes lograr dejando de lado cosas que te dan enorme gratificación. Si tu grito está expresado bajo la vibración de destacar en la música, son muchas las horas de práctica que tendrás que emplear hoy para lograr la destreza que solo es posible con el paso de los años. Lo mismo con las ilusiones deportivas, empresariales o de voluntariado que quieras acometer. Ninguna de ellas sería posible si no antepones a la fiesta de hoy el éxito de mañana.

El asunto no quedó en el desempeño escolar de los jóvenes; luego de esos indicios, Mischel mantuvo durante décadas el seguimiento de los alumnos a los que ofreció los malvaviscos a finales de los años sesenta y registró los aspectos que él consideraba más susceptibles de ser afectados por una autorregulación sólida o una deficiente: la salud, la estabilidad y las relaciones personales. Cuando esos mismos niños del Big Nursery llegaron a edades cercanas a los 30 años, siguieron mostrando desempeños personales y profesionales en los que estaba el trazo del dominio propio: aquellos que en edad preescolar fueron incapaces de contenerse por la golosina y sucumbieron a la gratificación inmediata tenían un índice de masa corporal más alto que los que sí pudieron esperar por un premio en el futuro.

Este atributo tiene mayores implicaciones que mostrar fortaleza a la hora de ser tentado por un apetitoso dulce. No tiene que ver con la relación entre las golosinas y el aspecto físico; su explicación está en el plano mental: aquellos que de niños habían sido incapaces de soportar la espera por un premio y decidieron comerse la golosina mostraron, en promedio, una percepción más baja de sí mismos, un manejo menos eficiente de las situaciones de estrés y un mayor índice de adicciones a diferentes sustancias y drogas. Como si esto no fuera suficiente, también tuvieron niveles educativos más bajos y una mayor tasa de divorcios.

Por el contrario, aquellos niños que dieron muestras de autocontrol salieron mejor evaluados, décadas más tarde, en todos los indicadores antes mencionados, y además mostraron mayores recursos para lidiar con situaciones sociales adversas.

215

Míralo con este ejemplo. Te hago una oferta: cinco millones de dólares en este momento o un centavo que se duplica una vez al mes, y el nuevo monto se vuelve a multiplicar el mes siguiente. ¿Qué escogerías? Responde con honestidad.

Si escoges la segunda opción, al final del primer mes solo tienes dos miserables centavos, en lugar de tener de inmediato cinco millones. Cuando transcurre un año, recuerdas tu centavito y ves a cuánto ha llegado: 20 escasos dólares. Suspiras y te arrepientes de tu «estúpida» decisión. Dejas el dinero allí e intentas olvidar ese error.

¡QUÉ PELIGROSOS QUIENES NO CREEN NECESITAR A NADIE!

Pasan tres años y te sorprende una llamada del banco; es el mismísimo gerente solicitando una reunión contigo. Te acuerdas de tu centavo, y cuando revisas tu cuenta, ves que tu saldo supera los 343 millones de dólares. Hiciste bien apostando a futuro.

Así es apostar por el futuro. En lo inmediato pensamos que un centavo no hace la diferencia. Si entrenas una hora hoy, mañana pesarás lo mismo, no notarás ningún cambio, pero eso no significa que sea inefectivo. Es una apuesta que se multiplica como tu tímido centavo.

Invierte en ti: tu voluntad reditúa la mayor tasa de crecimiento. Eres la mejor inversión a largo plazo y el negocio que no tiene ningún otro riesgo que intentarlo. Mantente firme en las caídas porque es precisamente en las crisis cuando las acciones nos ofrecen sus mayores rendimientos. Cuentas con el soporte divino, nunca te hallarás sin fondos si te respaldas con la fe.

Multiplícate con la apuesta futura, con la confianza absoluta en que la inversión que haces en ti necesitará dibujar nuevos gráficos para que te contengan. Eres la moneda que duplica su valor en cada apuesta, eres el suelo hinchado de riquezas que ahora construyes. Sé perseverante y no te devalúes. Si te mantienes firme, cotizas al alza.

Tu tenacidad supera el valor de los metales y las piedras preciosas, tu disciplina redefine las matemáticas de los índices. Te resguarda el oro de tu corazón. Ninguna liquidez es más valiosa que la del sudor de tu esfuerzo, ningún cierre es más estimable que las veces que has dicho «no» porque confías en un «sí» superior.

Yo me la juego por ti. Tu valor se duplicará cada día.

NUESTROS MALVAVISCOS

Volviendo al ejercicio del centavo, me podrías decir que no sabes si dentro de tres años seguirás con vida y que, en consecuencia, prefieres los cinco millones del principio. Pero eso demostraría que careces de fe y de propósito, que no tienes metas que satisfacer y por las que valga la pena vivir. Si eres de los que prefieren los cinco millones porque ignoras cómo será el futuro, entonces deberías comer sin moderación, endeudarte sin límites y cancelar tu seguro. ¿Lo harás? Claro que no. Entonces, sí crees en el futuro.

Veamos los malvaviscos de nuestra vida: una aventura o solidez matrimonial, pereza o una carrera profesional, comodidad o un proyecto transformador. Todos estos elementos

217

están ligados a saber que nuestros logros futuros requieren un mejor hoy. Siempre nos enfrentaremos a la elección de concederle placer a quien somos ahora o haremos el esfuerzo por complacer a ese ser difuso que seremos en unos años.

MUCHO PODER HAY EN QUIEN **CUMPLE LO QUE PROMETE**.

Como lo vimos en el estudio de los malvaviscos, la balanza se inclina a favor de los que optan por posponer el placer para hacerlo crecer. Plantarse firmes ante las tentaciones resultó ser un predictor de conducta personal más sana, menor agresividad, mejores calificaciones —a pesar de que no tiene relación con la inteligencia—, tendencia a la estabilidad en las relaciones personales y mejores índices en lo relacionado con el aprendizaje. La balanza siempre se movía a favor de los que habían optado por posponer el placer para hacerlo crecer.

Sin saberlo, esos niños anunciaban cuál sería su tendencia como adultos. Sin embargo, el hecho de que esta sea una condición innata no justifica lo que hagamos en la adultez; ya se ha acabado el tiempo para considerarte inocente por no poder resistirte a las incitaciones que, a cada momento, te ofrece la vida. Que, hasta el momento, hayas sido «débil» en tu autorregulación no es un veredicto de que irás al fracaso. El dominio propio se puede fortalecer. La voluntad es como un cuerpo que se tonifica con práctica y conocimiento. Si crees que habrías sido uno de esos niños que no resistieron la tentación, puedes cambiar esta realidad o seguirás compitiendo en el mundo contra unos adversarios que te llevan ventaja. Los atletas más destacados son aquellos que combinan esfuerzo y conocimiento, aunque se enfrenten con rivales físicamente aventajados.

Como esto se trata de una lucha entre un placer actual y uno futuro, una de las técnicas para minimizar esa distancia es crear ciertas compensaciones inmediatas. En términos sencillos: debes premiarte cuando inviertes en tu futuro; míralo como un adelanto de las ganancias. Establece una cuenta en la que puedas depositar puntos cada vez que escojas bien. Esto es mucho más que una metáfora; puedes fijar criterios de compensación que puedas convertir en un beneficio concreto cuando lo desees.

Supón que le dedicas tiempo al estudio del idioma mandarín, esa formación de la que puede depender tu promoción. Cambiaste el placer de ver una serie de moda por dedicarle tiempo al estudio de un idioma que requerirá varios meses para ver un leve progreso. Si llegas a un estándar —cinco horas, por ejemplo— puedes convertirlo en algo que pueda servir de premio. De alguna manera adelantarás una gratificación, pero se convertirá en una inversión que harás en crear hábitos y avances rápidos. Al poco tiempo verás que no hay mayor placer que el que produce avanzar en lo que quieres.

Si te mantienes en acción, tendrás menos oportunidades en las que te encontrarás ante la situación de elegir mal. Es cierta la frase popular que dice: «La gente ocupada no anda molestando a otros», y yo a esto le agregaría que tampoco tienen tiempo para molestarse a sí mismos. El trabajo, especialmente el que requiere esfuerzo mental, nos pone en unas condiciones que reducen nuestra disposición a engancharnos en conflictos innecesarios. Al final del día debes enfocarte en cuántas veces sonríe tu pareja cuando estás con ella, cómo va la conducta de tus hijos, cuánto tiempo has dedicado a cultivarte y hacer de ello una recompensa que cobramos en el presente.

UN CORAZÓN ABIERTO Y DISPUESTO **ES UN MUSEO DE BENDICIONES**.

Existen herramientas que nos ayudan a mantenernos en el canal adecuado. Como muchas veces resulta difícil decidirnos por las recompensas futuras y la fuerza de voluntad nos juega en contra, podemos «automatizar» nuestras respuestas con el método intención de implementación, desarrollado en Alemania por Peter Gollwitzer con el objetivo de que las personas sean capaces de llevar a la práctica sus intenciones y, a largo plazo, mejoren sus hábitos. Cuando utilizo la palabra *automatización*, me refiero a predefinir una respuesta a ciertos estímulos y a establecer un plan de cuándo, dónde y cómo vas a actuar.

Te explicaré cómo funciona esta implementación: fijamos una acción sobre la que nos cueste activarnos, lo hacemos sin que tengamos que pensar en lo que hacemos. Podemos decirnos, por ejemplo: «Luego de cepillarme en las mañanas, saldré a trotar», «Cada vez que me cruce con los vecinos, me tomaré la tensión», «Cuando entre el ascensor, veré el saldo de mi cuenta bancaria».

Esto funciona porque, muchas veces, los procesos mentales que usamos para pasar a la acción nos llevan a un laberinto

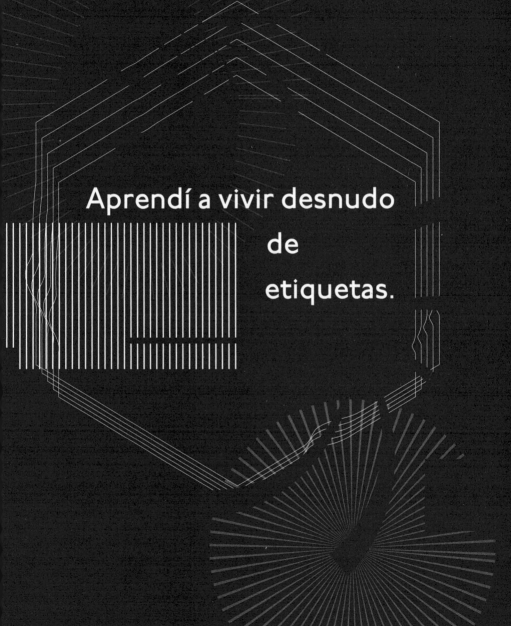

Aprendí a vivir desnudo
de
etiquetas.

de cavilaciones y terminamos por no ejecutarla. No siempre encontramos las motivaciones, nos convencimos de que no tenemos tiempo o racionalizamos que no es el momento correcto.

La idea es unir una situación específica que llevará a una acción esperada definida por ti con una acción esperada. Aunque parezca una propuesta demasiado básica, las pruebas han demostrado que esta técnica es efectiva para la creación de hábitos positivos. Es bueno destacar que ha sido experimentada favorablemente para generar hábitos adecuados en niños.

Como lo hemos visto, el dominio propio puede ayudarte a superar cualquier reto y serás más efectivo en la medida en que lo hayas tonificado. La manera en la que esto se logra es, precisamente, ejerciendo acciones que requieren que tengas que ponerlo a prueba.

La forma más sencilla y directa consiste en exponerte a situaciones que demanden renunciar a la gratificación inmediata, y poder superarlas. Un bueno ejemplo son retos complejos como los siguientes:

1. Pasar tres días sin comer azúcar.
2. Practicar ejercicio intenso durante tres días en una semana.
3. Escribir 1.000 palabras diarias durante una semana.
   Una vez lo hayas logrado, puedes subir de nivel.

Puedes, por ejemplo, restringir no solo el azúcar por tres días, sino también las harinas.

Es importante notar que cualquier actividad que implica cambios en las dietas debe ser evaluado por un especialista.

×

Sería casi imposible mantener el empeño y destinar todo el esfuerzo necesario en el dominio propio si no tenemos un objetivo concreto. En lo que llevamos del libro, nos hemos detenido en complejos procesos de autoevaluación y, más tarde, de formulación de perspectivas, pero nada de esto tendría sentido si no se acompaña de un profundo motivo para emprender las acciones que demanda.

LOS DIAGRAMAS DE PROPÓSITO

Son demasiados los obstáculos y muy largo el camino para alcanzar nuestros sueños más elevados. Al mismo tiempo, este es un recorrido que hacemos no solo para llegar al destino, sino porque deseamos permanecer allí. Algunas veces, debemos bajar del éxito para verlo bien.

EN LA MEMORIA DEL ALMA SIEMPRE CABEN TODOS LOS DATOS.

Por mucho tiempo se ha discutido cómo identificar el propósito que debe movernos, y sobre este tema se ha escrito infinidad de veces y se han formulado diversas teorías, buena parte de ellas efectivas. A la hora de decidir cuál recomendar, me inclino por una que combina lo que nos apasiona (eso que amamos), con lo natural (aquello que nuestras inteligencias soportan), lo trascendente (el aporte que damos) y lo rentable (la retribución que arrojan nuestras acciones).

La propuesta que explicaré en las próximas páginas proviene del ingenio de varios pensadores cuyas ideas terminaron por encontrarse en un cauce común, aunque sus disciplinas no estuvieran buscando el mismo fin. La conjunción de su trabajo no ofrece una alternativa fácil de aplicar para avanzar de forma individual en el tema del propósito personal, con una visión que ha devenido en un fenómeno extraordinario.

El primer paso fue dado por el astrólogo Andrés Zuzunaga. Debo dejar claro que no comparto los conceptos propuestos por la astrología, pero este modelo al que hago referencia es de gran utilidad más allá de esta creencia. Zuzunaga planteó un diagrama de Venn a partir de la interrelación de los cuatro factores que mencioné anteriormente. La intención de este gráfico era ilustrar su visión de las fuerzas que desempeñan un papel en la construcción del propósito.

Un par de años más tarde, el autor Marc Winn fundió interpretaciones básicas de ciertas ramas filosóficas japonesas con la representación gráfica diseñada por Zuzunaga. Winn presentó su modelo como un resumen del concepto del *ikigai* —que se refiere a aquello de donde emerge la fuente de valor de la vida y que da sentido a los esfuerzos—, y terminó creando una nueva guía para evaluar nuestras acciones en el mapa de las dimensiones antes mencionadas: lo que nos apasiona, lo natural, lo trascendente y lo rentable.

Este nuevo gráfico se popularizó de tal manera que, en Occidente, se ha convertido en un ícono para comprender, explorar y explicar una interpretación de los principios del *ikigai*, algo que no ha sido recibido con beneplácito por una parte de los expertos en el tema, pero que se ha transformado en una herramienta excepcionalmente didáctica y popular.

Luego de que Winn adaptara el gráfico, se hizo viral y ya esta visión resulta indivisible del *ikigai*, pues prácticamente toda la bibliografía sobre el tema se sustenta en esta interpretación, aunque desgraciadamente un número alarmante de autores han olvidado mencionar a sus creadores.

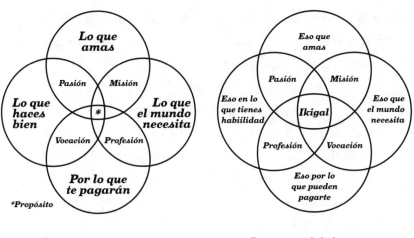

Diagrama del propósito
propuesto por A. Zuzunaga

Diagrama del *ikigai*
propuesto por M. Winn

En el modelo del *ikigai* planteado por Winn —que nace de su propia interpretación de esta filosofía japonesa—, convergen las labores de la supervivencia diaria con los elementos más elevados de cada persona, a través de sus habilidades, astucia e ingenio. Se trata de aquellas cosas que pueden hacernos felices y que, al mismo tiempo, pueden convertirse en nuestro sustento económico.

Desde una perspectiva más filosófica, esta visión procura que las personas hagan las cosas de una forma sostenible y armónica. Bajo el *ikigai* se disfrutan las actividades cotidianas y se les da valor a los pequeños detalles.

SI NO SE ESTIMULAN, LOS LATIDOS PIERDEN EL RITMO.

Cada uno de los círculos del diagrama propuesto por Winn representa uno de los cuatro factores que, unidos entre sí, nos llevan a lo que él llama Ikigai:

- Eso que nos encanta hacer lo haríamos sin mirar el reloj ni cuánto nos pagan por ello.
- Aquello que soporta nuestras inteligencias naturales. Nos sentimos cómodos haciéndolo porque lo hacemos bien. (Y sería ideal cuando nos encanta hacerlo).
- Lo que podemos hacer para recibir ingresos. Ya hemos establecido un mecanismo para convertirlo en una fuente de ingreso. (Y sería todavía mejor si sintiéramos pasión por hacerlo y que además fuéramos buenos en ello).

• Una actividad que aporta a los demás, nos llena y le da sentido a nuestra vida. (Y sería perfecto si nos excitara solo pensar en ello, exhibiéramos maestría en su ejecución y nos remuneraran por su desempeño).

La interacción de estos cuatro factores —sean denominados «ikigai» o «propósito»— también tiene otros enlaces internos que pueden observarse en las ilustraciones que encontrarás a continuación.

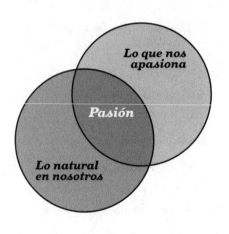

Cuando lo que nos apasiona se combina con aquello para lo que somos hábiles, tenemos una pasión, una actividad que hacemos con gusto y nos sale bien, como la bailarina diestra que puede pasar todo el día sobre el escenario y a la que regañan porque ya debe descansar.

No debemos olvidar que *pasión* proviene de *passio*, que significa 'sufrir' y está emparentada con 'padecer', como la Pasión de Cristo, quien recibió la acción. En la pasión nosotros somos el sujeto.

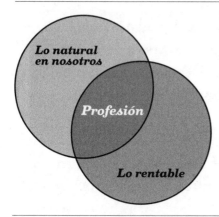

Cuando lo que está sustentado por nuestras inteligencias naturales se combina con aquello con lo que podemos sostenernos económicamente, tenemos una profesión, esa labor por la que nos pagan por realizarla bien.

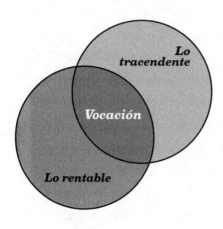

Cuando aquello por lo que nos pagan se combina con lo trascendente, encontramos una vocación. Un buen ejemplo puede ser una labor social que realicemos y por la que recibamos una retribución económica. La vocación debe provenir de nuestros ideales y convicciones, no de nuestras conveniencias.

Cuando lo trascendente se combina con lo que nos apasiona, tenemos una misión, que puede ser una especie de sacerdocio personal, algo que se hace principalmente porque genera entusiasmo. Esto puede ser común en las actividades voluntarias o militantes.

Aunque poder enlazar los factores en las combinaciones antes explicadas traerá resultados positivos a tu vida, ninguna de ellas, por sí sola, puede ofrecerte un propósito perdurable en el tiempo porque, de no producirse alguno de estos enlaces, se generaría un vacío que terminaría por desmoronar ese propósito porque estaría incompleto.

Sumaría, en mi caso, la búsqueda constante de caminos que pongan mis pasos sobre el manto de la voluntad de Dios en cada una de las cuatro dimensiones. Dios está en lo que me apasiona y mis talentos son un don que Él me ha dado. Del mismo modo, cualquier recurso recibido proviene de Su gracia y cualquier acción trascendente es una retribución a Sus favores.

Por ejemplo, podemos hacer algo que nos gusta, nos llena y que, además, hacemos bien, pero sería complicado hacerlo sostenible si no nos ofrece un soporte económico. Del mismo modo, si una labor que se nos da bien, resulta provechosa en lo económico, pero no termina por estremecernos, tarde o temprano iremos llenándonos de insatisfacción, y lo buscarás en la intensificación de una de las otras (más dinero o mayor contribución social, por ejemplo). De este modo, si una labor se te da bien y resulta provechosa en lo económico, pero no te apasiona, tarde o temprano sentirás que hace falta más dinero para compensarlo.

NO TE PREOCUPES CUANDO SE ME AGOTE LA PACIENCIA, **SINO LAS GANAS**.

Si nos embarcamos en actividades que no dejan nada a la comunidad, perderemos la oportunidad de entregar un legado. Si nos empeñamos en actividades que no se acompañan con nuestros talentos, viviremos en una sobredemanda que puede ser objeto de angustias y cansancio. Como verás, nuestro propósito puede drenar su intensidad por cualquiera de las cuatro fugas, pero en el día a día, con las demandas del mundo en el que vivimos, la que más tiempo nos consume y más horas de insomnio nos ha causado, es la que tiene que ver con el dinero. Es necesario darte un tiempo diligente para ubicarte en el mapa de la vida y saber dónde estás parado y a dónde carajos te diriges. Bájate de la inercia ahora mismo y pon los puntos sobre las íes.

MAPA DE INTENCIÓN

El miedo a la insolvencia o a perder el ingreso que se percibe, aunque sea de una actividad que nos destruye por dentro, es la principal causa por la que millones de personas en el mundo se acobardan de echar a volar las mariposas de su propósito personal. Como este es precisamente el más crítico de los elementos, dedicaré el siguiente apartado de este capítulo a hablar un poco del dinero, pero antes culminemos esta revisión del modelo de propósito.

Veamos lo anterior con un ejemplo concreto: la música, una actividad que a muchas personas les apasiona. Para convertir la música en un propósito, es indispensable, además de la pasión, contar con inteligencia musical (la contribución a

QUEDA PROHIBIDO

DEJAR DE SOÑAR.

la sociedad de esta actividad es tan importante que no necesitamos ni mencionarlo). Es posible que cuentes ya con estos tres factores, pero convertir la carrera musical en una forma de vida pasa a ser un poco más complicado. El asunto no siempre se trata de si tenemos la valentía de darles vuelo a nuestros sueños, sino de si contamos con la disposición que se requiere para labrarles alas.

Antes de continuar, no olvides que alcanzar tu propósito no implica que debes abandonar otros asuntos vitales para ti y para los tuyos; por el contrario, debe convertirse en motor que les dé mayor intensidad a tus relaciones. Este ejercicio no consiste en encontrar un propósito para centrarte solo en ello, debes mantenerte en una búsqueda constante.

Trae la idea que consideras uno de tus sueños. Utiliza el modelo de propósito y responde las cuatro preguntas esenciales que te ayudarán a vislumbrar si esa actividad podría convertirse en un propósito de vida:

- ¿Realmente me apasiona y lo amo?
- ¿Tengo habilidad natural para hacerlo?
- ¿Tiene trascendencia para la sociedad?
- ¿Puedo convertirlo en una actividad que se pueda monetizar?

Si bien no es suficiente con esto para determinar un propósito de vida, es un punto de partida que te dará claridad y te ayudará a construir una ruta mucho más clara hacia tus sueños.

Aunque la carta en la que escribirás tu destino es hoy una hoja en blanco, no será en un trozo de papel o en un método gráfico donde encontrarás lo que estás buscando. Allí no habrá más que el inicio de un plan, una propuesta. Lo anterior tiene un aspecto filosófico que es obvio, pero tiene también uno práctico que debemos atender. Jamás debemos olvidar que la flexibilidad es indispensable para siempre estar dispuestos a abordar rutas inexploradas. Es la cintura de boxeador la que nos permite esquivar los golpes en cada nuevo *round*. Debemos mantenernos en movimiento, haciendo uso de todo el espacio, pues la única forma de salir de las cuerdas es avanzando de nuevo al centro de nosotros.

×

QUÉ BONITO ES CUANDO LA CHISPA COINCIDE **CON EL SOPLO DEL VIENTO**.

Vayamos ahora al aspecto más concreto de toda esta propuesta: el dinero. Cuando los creadores del modelo incorporaron la dimensión «aquello por lo que me pagan», no establecieron monto alguno, pero nosotros sí debemos pensar en eso. «Lo que me pagan» puede ser un criterio vacío si no lo definimos de forma apropiada. Las actividades que deseamos desarrollar deberían retribuirnos, al menos lo que hoy producimos si deseamos considerarlas como una actividad a la que nos entreguemos por completo.

No estoy cambiando de opinión, solo deseo demostrar que este ejercicio comienza con un mapa de intención, con el cual defines los pasos necesarios para edificar esa vida que deseas. Nadie podrá entregarte un mapa con una ruta clara y sin tropiezos de antemano. Mirar tu propósito es el punto de inicio, una carta de navegación que debes estudiar antes de levar anclas. Luego viene lo que es realmente complejo: hacerlo realidad. De nada sirve quedarse en la orilla imaginando cómo serán aquellos días navegando en dirección a tus puertos soñados.

Esa construcción depende de tu actitud, de la determinación de provocar y de crear días productivos. Una vez que sientas que has acumulado suficiente preparación para zarpar, deja colgados tus miedos y tus dudas, afila tu espada y sal vistiendo la armadura de lo eterno. Sal con la actitud y con las ganas de crecer más de lo que esperabas. Atrévete a sobrepasar tus propias competencias. El alma y el espíritu no reconocen el miedo, porque la ansiedad y el pánico no están cerca de este estado. Sé que enfrentarás circunstancias que levantarán murallas delante de tus objetivos, pero créeme: has trabajado duro por adquirir la fortaleza para derribarlas.

El dominio desde el espíritu es la forma más efectiva de control físico y mental. Decidir y navegar los giros de la incertidumbre y de las angustias de la vida son señales de madurez y de gratitud. Ningún temor será irrevocable, así que contén en el pecho las ganas y haz que tu grito tenga acción y ejecución. Solo de esta manera recibirás los ecos del triunfo.

La clave está en encontrar la acción que satisface todos los aspectos, comienza por la pasión, desde allí construyes el resto. A mí me encanta escribir, por eso hice de la escritura una forma de vida. Luego se convirtió en una profesión. El compromiso y amor con mi pasión llegó mucho antes que los contratos de las editoriales. Si hubiera dejado de escribir porque con ello no pagaba las facturas, nunca me habría convertido en alguien que paga algunas cuentas con lo que escribe.

Yo puse en práctica la visión del propósito con mi ocupación de escritor. Esbocé mi mapa de intención y, poco a poco, pero sin descanso, navegué cada vez más hondo. El amor a la tinta jamás se termina. Ese amor a la tinta me permite escribir sobre papel o piedra. Es el amor el que encuentra una hoja en blanco donde otros dejaron rayones. Es el amor lo que me llevó a hacer con excelencia lo pequeño y, con ello, dirigirme a la cima de mis competencias.

Gran parte de mi plenitud proviene de escribir. Soy alguien que quiere regalar palabras hasta que se le astillen los dedos del alma y los de las manos, ansiosas por expresarse. Esa es mi zona erógena: quiero acabar con todas las hojas en blanco.

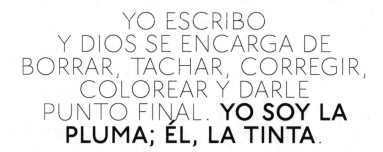

YO ESCRIBO Y DIOS SE ENCARGA DE BORRAR, TACHAR, CORREGIR, COLOREAR Y DARLE PUNTO FINAL. **YO SOY LA PLUMA; ÉL, LA TINTA**.

El autor puede morir de amor o de tristeza mientras escribe su proceso. Con cada traición crece el escritor, por ello me suturo las heridas con tinta y papel. Quiero escribir hasta llegar a desnudarme de todas las ataduras. No permitiré que, por cobardía o desidia, otro escriba mi historia. Yo quiero pasar noches enteras metido en una metáfora, o dejar que una pluma me saque a bailar el corazón.

Soy de mármol, de espuma, de llanto; puedo ser quien sea. Para mí, quien ama la vida toma su pluma, la recarga y escribe su futuro. Mi vicio son las letras, me gustan el arte, el soneto y los conceptos barrocos, la lírica, la versificación, las alusiones celestiales, hasta un hipérbaton me emociona. Escribo para respirar, para vivir lo que aún no puedo alcanzar, pero que con las letras puedo tocar.

Si escribo «Japón», aparezco allí; si escribo «Cielo», llueven ángeles. Para mí, escribir es poseer, es arder, ser ceniza, fantasma y convertirme en vigilia. Mi pluma es un corcel que no carga montura y, por lo tanto, su libertad es salvaje y es pura.

Me fascina y suma a mi plenitud; se ha convertido en una de mis fuentes de ingreso y con mis palabras envío mensajes que considero valiosos a quienes me leen. Tengo un propósito, y seguiré escribiendo.

¿Y tú? ¿Qué esperas? Ve sobre la posibilidad de ganarte la vida disfrutando lo que más te apasiona y amas.

RELACIÓN CON EL DINERO

No suelo hablar de este tema por la simple razón de que no es una de mis prioridades. Tal como lo hemos visto cuando hablamos del propósito, el dinero no es más

que un resultado de mis pasiones. Sin embargo, sé que la idea de los recursos es algo que volverá a tu mente repetidas veces cuando te aproximes al borde de la cima, donde no te quedarán sino dos opciones: devolverte o coger vuelo.

Con los años y experiencia, he podido darme cuenta de que la relación con el dinero es una de las principales barreras que tienen las personas para zambullirse en la hondura de sus sueños; y en buena cantidad de los casos está relacionado con las creencias que nos hemos ido formando sobre la importancia que tiene el dinero en nuestras vidas.

Para simplificar, puedo decir que existen dos extremos filosóficos, dos puntas cortantes y contrarias que impiden concebir la idea de que seguir nuestros anhelos es una forma de producir ingresos. Por un lado, están los que rechazan convertir aquello que aman en una fuente de recursos y, por el otro, los que se niegan a intentarlo porque no pueden permitirse dejar de producir ingresos.

Miles piensan que la riqueza es mala, y hasta llegan a odiarla; por añadidura odian a quienes la poseen. Te muestro qué desprecias: la representación ideológica del adinerado y todo lo que eso conlleva.

Aunque debo aceptar que la idea de presentarlo como un canalla es atractiva para las mayorías, esta caracterización suele ser desacertada; de hecho, puede llegar a ser vaga y básica. El mundo ha estigmatizado un rol en su mayoría construido por las opiniones de quienes nunca consiguieron ser acaudalados.

NO PERSIGO AL DINERO
PORQUE ME PARECE
QUE VA MUY LENTO
PARA LA VELOCIDAD A LA
QUE YO ME MUEVO.

Esta perspectiva está enraizada en la cultura de nuestros países. Esto no significa que todos los latinoamericanos seamos así —hay notables ejemplos de lo contrario—, pero es una tendencia social común entre nosotros cuando nos comparamos con personas de otras culturas.

Nos sumergimos en la vida adulta empapados en un aguacero de confusiones técnicas y teóricas que complican nuestra aproximación a la riqueza. Además de tener una pésima relación con la economía personal debido a que los sistemas educativos destinan recursos marginales, casi inexistentes, a las materias que tienen que ver con la posesión, el manejo y la multiplicación de los recursos, incluso en los ciclos universitarios, hay una visión bastante extendida del dinero como algo asociado a los vicios, pero representada en las personas acaudaladas con fuertes valores negativos. Desde los dichos populares hasta el teleculebrón de la noche, hay una insistencia en la representación del rico como una figura reprochable. Si bien vivimos en una sociedad llena de corrupción, abuso, autoritarismos y desigualdades, siempre serán la excepción los casos en los que la tenencia de recursos se debe a uno de esos motivos exclusivamente.

Aunque sea muy aguda en nuestros pueblos, esa visión no es exclusiva de América Latina. En el mundo anglosajón se repiten estos patrones. Desde la literatura más antigua hasta las series televisivas y desde los cuentos infantiles hasta las historietas, los grandes villanos son hombres ricos, solos, egoístas y amargados. Podríamos llenar el libro con personajes que cumplen con estas características. De Lex Luthor al Doctor Doom, son muchos los villanos que comparten, entre sus principales atributos la tenencia casi ilimitada de recursos.

Debemos revisar la mentalidad para ver qué la acentúa, cuáles son los conceptos y creencias, qué hace a esta visión tomar tanto vuelo entre nosotros. Para comenzar, esta concepción sirve para justificar lo que no hemos logrado. Adicionalmente, si nos empeñamos en asociar la pobreza con virtud, habremos afianzado un paso más. «Pobres, pero honrados», como si la honradez pudiera arrodillarse ante una coma, como si no pudiéramos ser «Prósperos y honrados». Nos han enseñado a valorar más la pobreza que la humildad, más la viveza que el ingenio. Nuestros líderes insisten en que «ser rico es malo», pero nunca fue malo para ellos. Vemos la abundancia, pero no el esfuerzo. Nos han dicho que es bueno ahorrar, pero nunca nos han invitado a invertir. Los políticos han dicho que los sueldos que pagan las empresas son malos, pero ponen mil barreras para que podamos hacernos empresarios.

A la vida no le importarán tus razones, sino tus hechos. No se vale usar esa falsa modestia escondida detrás de una doble moral que se usa como excusa. Digamos que tienen un millón de dólares en la cabeza, pero no saben hacer la transferencia a su bolsillo. Las fórmulas han cambiado y seguirán cambiando, es tiempo de que dejes de esconderte detrás de tus circunstancias.

LOS QUE
NUNCA
ARDEN
ME
LLAMAN
«INTENSO».

MIS DUDAS CABEN EN MI
BOLSILLO ROTO.

El dinero no es malo, es uno de los frutos del trabajo. Lo malo o lo bueno depende de la forma y del fondo como lo consigues, pero, sobre todo, de cómo lo usas. Siempre debe ser un medio, nunca un fin. Por ello las convicciones jamás deben estar a la venta. Creo que es probable que muchos de los que «odian el dinero» se escondan detrás de la frustración que les genera su incapacidad de no saber cómo carajos producirlo en un mundo tan competitivo, mutante y voraz. Esos que critican los pecados de la abundancia son los primeros que entrarían al infierno para gozar de ellos.

Así como hay quienes desprecian el dinero como una entidad tóxica están aquellos que lo consideran una virtud por sí mismo. Este es otro extremo negativo, que termina poniendo al dinero por encima de la gente. Resulta tan nocivo como el anterior a la hora de ser productivos. Esto es importante porque este tipo de ideas nos llevan a creer, de forma honesta, que la riqueza es consecuencia de una calidad superior, casi ontológica, y no el conjunto de creatividad, de iniciativa y de un chingo de esfuerzo, sin importar que algunos partan del sótano y otros del techo. El problema está en que cuando una persona de bajos recursos cree en esta visión prejuiciosa de la sociedad, se entrega a la creencia de que no hay alternativas: ser pobre es un designio, no una condición. Estos conceptos clasistas intentan inyectarnos en la mente que existe una predestinación, que el esfuerzo no es suficiente para avanzar. Y esta visión de la riqueza, casi celestial, termina siendo tan dañina, a la hora de la verdad, como asociar el dinero con la explotación y el engaño.

⸻ HACER DINERO ES UN ARTE ⸻

Soy de los que piensan que una mentalidad adecuada es indispensable para que una persona prospere económicamente. Reitero que es imposible salir de la pobreza sin modelos que nos reconcilie con el dinero. Por eso, sería de gran ayuda contar con un sistema educativo que reconcilie el dinero con la voluntad y la dedicación constante.

Digo esto, sin olvidar que vivimos en un continente apedreado por profundas desigualdades. . Provenir de los segmentos más favorecidos brinda ventajas en la adquisición de créditos, sistemas de estudio e independencia familiar. Aun así, para todos los segmentos sociales se hace indispensable una educación eficiente, accesible y adecuada a los retos futuros, que nos permita recortar la pista para quienes nos siguen. En este caso volvemos al asunto de lo que aprendemos y ensayamos; por ejemplo: es muy común escuchar que los latinos tenemos tasas de ahorro más bajas que otras regiones, pero no sabemos definir con propiedad qué es el ahorro; seguimos creyendo que se trata de tener nuestro patrimonio en un banco o debajo del colchón.

JAMÁS HE VISTO A ALGUIEN GANAR MUCHO ARRIESGANDO POCO.

242

Casi todos nuestros países han pasado por procesos hiperinflacionarios en los que el ahorro pierde su sentido convencional, y ni así hemos redefinido cómo interpretarlo. En su libro *Cómo piensan los ricos* (2021), Morgan Housel describe algunas claves que moldean nuestro entendimiento del dinero. Una de ellas indica que nuestras experiencias dibujan las perspectivas particulares de cómo funcionan las finanzas.

El mismo autor alega que ni la educación puede ayudarnos a recrear por completo las experiencias que otras sociedades han vivido —quizás por eso estemos tan dispuestos a cometer los mismos errores—, pero, sin duda, en la medida en que conocemos la existencia de recursos, aumentamos nuestra capacidad para actuar. Desafortunadamente, nuestros bachilleres salen de los colegios sin haber escuchado ni siquiera las palabras *inversión, dividendo* o *rentabilidad*.

Todos estos elementos terminan por abrir una zanja que hace más complicado reconciliarnos con las imágenes de la prosperidad. Pero cuando rujas, y tu esfuerzo comience a dar frutos, llegará también quien te critique por lo que tienes. De todos los ámbitos aparecerán ataques sanguinarios de quienes no aceptan que progreses. Yo dejé de ocuparme de ellos cuando me di cuenta de lo mucho que les preocupa cuánto tengo y lo poco que les interesa cuánto me esforcé para tenerlo. Llevo 30 años trabajando, 20 años antes de que tan siquiera existiera la explosión de las redes sociales.

Aclaremos algo: *trabajar* es una cosa, pero entre ello y *saber trabajar* hay un abismo de diferencia. Hacer dinero es un arte, pues implica aplicar la creatividad de forma efectiva y productiva, ser ordenado y disciplinado, ser puntual y siempre apasionado, construir una vida en la que el trabajo y la familia se fundan y convivan en sinergia, saber comunicar y expresarse, saber gastar e invertir, saber contratar y liderar. Para producir, todas estas artes deben conjugarse en una sola línea.

Trabajar no debería ser un mérito sino un gozo, producir dinero debería ser considerado un arte cuando lo haces de forma ética. Que jamás te dé vergüenza tener dinero; nos han educado para sentirnos mal por nuestros logros, por la gracia y bendición que hemos conseguido por ser diligentes, hábiles y tenaces.

Cuando llegues a tu cumbre, muchos dirán que te lo regalaron o que fue suerte, que naciste en cuna de oro, que tuviste más oportunidades, que robaste o que engañaste. Harán conjeturas en público porque no saben cuánto te esforzaste en privado, cuánto has dado por cada cosa que tienes. Muchos de ellos se victimizarán y por eso jamás serán líderes, porque un líder que se victimiza no puede liderarse ni liderar a nadie, así que mientras otros lloran y te señalan, tú sigue cosechando y reventando esos lagares de mosto. Ríndele cuentas a Dios, eso será suficiente.

ME PAREZCO MÁS A LO QUE NO VES **QUE A LO QUE IMAGINAS**.

Gana todo el dinero que quieras de forma honesta y disfrútalo. Gózalo en la fragilidad de la vida, pero, sobre todo, compártelo con otros. Sé prudente, sin avaricias. Invierte un poco, ahorra otro, pero jamás te ahorres los momentos. Gasta sin que se te gaste la vida. Economiza lo que tienes en el bolsillo, pero no lo que está en tu corazón: no te ahorres nunca los besos, los abrazos, ni los buenos gestos. Jamás ahorres las palabras de amor.

Nuestra relación con el dinero no se restringe a los montos que ponemos en el banco o que sacamos de este. El dinero es mucho más complejo que una medida de cambio; si nos guiáramos exclusivamente por la denominación monetaria del dinero, perderíamos noción del valor. Esto ya lo había explicado Antonio Machado cuando recordaba aquello de «todo necio confunde valor y precio», para recordarnos que son cosas distintas.

Lo anterior es crucial cuando vamos sumando cuánto invertimos en los diferentes escalones que nos conducen a nuestras metas. Es natural en el pensamiento humano dejar que lo numérico nos domine; inconscientemente abrimos una cuenta mental para cada tipo de gasto, y en esta vamos acumulando lo invertido. Explicaré esta contabilidad mental con la ayuda de unos de los más interesantes estudios del comportamiento que haya leído.

Pongámonos en contexto: se supone que el dinero es un mecanismo de cambio «universal», motivo por el cual valoraríamos por igual dos productos del mismo precio. Según este principio, con 50 dólares puedo comprarme un arete o un buen filete de carne importada; también puedo usarlo para entrar al fútbol o a la ópera. De esta forma, podríamos pensar que el valor de la moneda se mantiene si las cosas cuestan lo mismo; es decir, perder un billete de 20 dólares debería dolernos igual que arruinar una corbata del mismo precio, porque podemos volver a comprarla.

El cerebro, en cambio, lleva un registro distinto al de nuestros libros de contabilidad; este define de antemano en qué se ha gastado un dinero y suma todos los montos que hemos puesto para ese propósito.

✳ __CONTABILIDAD MENTAL__

Lo anterior no se queda en la teoría, el dúo maravilla de la investigación humana, los geniales Daniel Kahneman y Amos Tversky, pusieron esta idea en práctica. Para lograrlo plantearon un experimento brillante. Pidieron a un grupo de estudiantes que se imaginaran en el siguiente escenario: habían comprado una entrada para una obra de teatro que tenía un precio de diez dólares; los investigadores les pidieron figurar que al llegar a la puerta del teatro se daban cuenta de que habían perdido el boleto. Concebido este escenario, les preguntaban si estaban dispuestos a comprar otra entrada para entrar a la obra. La mayor parte de los entrevistados dijo que no.

A los miembros de un segundo grupo, les preguntaron algo diferente: se les planteó la situación de ir a una obra de teatro cuya entrada costaba 10 dólares, pero en este caso no habían comprado el boleto, sino que llevaban en el bolsillo dinero para comprarlo. A este grupo se le pidió imaginar que al llegar a la taquilla, habían notado que se les habían perdido 10 dólares del total que llevaban en su bolsillo, del mismo modo que el grupo anterior había perdido el boleto. Entonces, se les hizo la misma pregunta: ¿comprarían el billete, aunque habían perdido la cantidad de dinero equivalente al valor de la entrada? La inmensa mayoría respondió que sí.

TU LUZ ESTÁ EN TI, NO EN LA SOMBRA DE ALGUIEN MÁS.

En esta hipotética realidad, los primeros botaron una entrada valorada en 10 dólares, y al perderla prefirieron volver a casa. El segundo grupo perdió 10 dólares que habían guardado en su bolsillo, y, aun así, entraron a ver la obra.

¿Cuál es la explicación de estos resultados tan contradictorios? En el primer caso, no entraron al teatro porque su cerebro ya había puesto 10 dólares en la cuenta mental de ese evento; ya habían pagado la obra, y les estaría costando el doble si compraban otro boleto. En el caso del segundo grupo, que perdió simple y vulgar dinero, el cerebro perdió la misma cantidad en lo monetario, pero con un dinero que no había sido registrado en la cuenta mental; en consecuencia, la obra seguía costando diez dólares, pero el dinero perdido no formaba parte de ningún cálculo personal.

De esta forma se ilustró cómo los seres humanos asignamos mentalmente un criterio numérico para determinadas actividades.

A pesar de que deberíamos valorar por igual, desde la perspectiva económica, dos productos del mismo precio, nuestro cerebro hace un registro distinto: de antemano pre-

TE

TRAJE

UN

POCO

DE

 LO

QUE

QUEDA

DE MÍ.

definimos en qué vamos a gastar el dinero y establecemos un rango de lo que estamos dispuestos a poner en esa cuenta.

Podemos aprovechar esta característica del pensamiento humano a nuestro favor y volverla una oportunidad para enfocarnos en los beneficios futuros. ¿Cómo hacerlo? Acá te explico: lo primero es identificar esos beneficios futuros a los que quieres acceder, como hacer un viaje con tu familia, tomar una clase determinada o comprar algo que valga mucho dinero. Una vez determines el objetivo por el que vas a ahorrar, debes comenzar a reservar mensualmente determinado dinero para este objetivo. Muchas cuentas bancarias tienen hoy en día una opción de fondo de ahorro donde puedes guardar dinero con un objetivo específico. Si automatizas, por ejemplo, que mensualmente destinarás 25 dólares a ese fondo, al cabo de cuatro meses habrás ahorrado 100 dólares prácticamente sin notarlo, pues mentalmente ese monto ya está asociado a un propósito específico.

Nuestro cerebro registra y asigna valores distintos en cada caso. Esto tiene una gran importancia en cómo tomamos decisiones, porque al asignar mentalmente a dónde van los recursos, terminamos dando un peso a lo que aportamos. El boleto perdido estaba en una cuenta mental establecida, el dinero perdido no estaba relacionado con ningún gasto concreto, pero ambos tenían, en teoría, el mismo valor.

Si te preguntas por qué esta información es importante para rugir, te explico: definir las partidas mentales correctas nos ayuda a generar un destino más adecuado para nuestro dinero. Si logras, además, vincularlo con tu propósito, tendrás mejores resultados porque robusteces el vínculo. Desde la perspectiva netamente económica, esta aproximación se ha difundido con la exitosa metodología de «la ganancia es primero», popularizada por el emprendedor Mike Michalowicz. La idea tras este modelo es destinar parte del retorno de un negocio como ganancia y separar en la forma más estructurada posible otros gastos relevantes.

Mantener estas cuentas mentales —y contables— puede tener gran utilidad si sabemos qué hacer con ellas. Podemos ver un buen ejemplo de esto con el ahorro. En 2011 se hicieron campañas para promover el ahorro entre obreros de zonas agrícolas empobrecidas en Asia. Al principio todo se basaba en darles información para mostrarles los beneficios de la previsión financiera, pero los cambios no fueron significativos.

AQUELLO QUE IGNORAMOS DE NOSOTROS MISMOS LO ATACAMOS SIN MEDIDA Y SIN ESCRÚPULOS EN LOS DEMÁS.

A pesar de los cursos y promoción que recibían los obreros, las campañas sobre el valor del ahorro no causaba cambios en los hábitos financieros; recibían su sobre con su sueldo y lo consumían sin dejar un remanente para el ahorro. Esto cambió cuando se propuso entregarles a los obreros su salario en dos sobres: uno con el porcentaje de ahorro recomendado y otro con el resto del sueldo. Nada impedía que se gastaran el dinero, eran sobres de papel; los trabajadores bien podían abrir ambos sobres y dilapidar el dinero, pero un grupo importante de estos destinó ese pequeño monto al ahorro. ¿Qué cambió? Este mecanismo activó las cuentas mentales que se destinaban para el ahorro.

Luego de este ejercicio, los promotores del ahorro dieron la estocada final: dentro del sobre donde estaba la porción del ahorro, habían introducido una fotografía de los hijos o de otros familiares del obrero. Esta estrategia reforzó la intención de economizar, al ligar de forma directa la acción con el beneficio.

Trayendo este experimento a nuestra vida, es muy importante generar la disciplina interna para crear las cuentas que nos interesan: terminar tu posgrado, publicar tu libro, abrir esa empresa. No puedo cerrar este punto sin aclarar que cuando hablo del ahorro, me refiero a una variedad de opciones: podemos hacerlo en divisas, inversiones, inventario y otras formas de proteger e incrementar el valor del dinero.

Independientemente de tu nivel de ingresos, destina una o varias cuentas a tus propósitos personales. No me refiero a registros mentales, hablo de crear cuentas reales que te permitan ir separando los gastos corrientes de tus proyectos. Como es lógico, al hacerlo estrecharás los otros recursos. Esto te obligará a una revisión de tu contabilidad, y será necesario definir dónde hacer los ajustes.

Mira este ejercicio como el malvavisco del dinero: decides cómértelo ahora o harás un sacrificio para invertir esos recursos en lo que tanto has deseado.

×

En este punto, me gustaría que hicieras una reflexión sobre cuál ha sido tu posición personal sobre el tema del dinero. ¿Sientes que tu relación con el dinero es sana? ¿Piensas que te has preparado para hacer dinero, más allá de tu formación profesional? ¿Qué clase de valores transmites a tus hijos en lo que tiene que ver con el dinero? ¿Piensas que la pobreza es causada por factores externos, o por consecuencia de las decisiones individuales?

Como hemos visto, aunque todos deseemos mejorar nuestros ingresos, no todos tenemos una relación idónea con estos. Por eso debemos acostumbrarnos a hacer las cuentas mentales que nos permitan un mejor orden de lo que tenemos. También debemos hacer un ajuste esencial de las cuentas emocionales y de cómo nos relacionamos con la gente. Así como llevamos estos registros y organizamos el dinero, necesitamos poner en orden los afectos y quién ocupa cada lugar en el juego.

Suelta a las personas que te mantienen atado al pasado; hazlo si deseas conocer los regalos que tiene el futuro para ti. Tu *yo de hoy* debe saber que tu *yo de mañana* no los va a necesitar. Estas personas te pueden manipular, tratando de convencerte de que sin ellas no llegarás a ningún lado.

Benditas las orillas que alcanzamos después de un naufragio.

Suelta la cobardía, caminarás en soledad, pero cada paso irá reforzando tus habilidades. Dios está contigo, no lo dudes. Con eso tienes un saldo a favor.

NO CALLES

Terminamos por pensar que si guardo silencio, si me callo, si me anulo, no hay conflicto. Como si nuestro silencio por arte de magia lograra desmantelar un problema. Tristemente esa suele ser una de las formas utilizadas por esas personas que se dicen a sí mismas: «No me gustan los problemas», es justo así como abordan e intentan resolver sus asuntos, sus pasivos estancados.

Lo entiendo. De verdad lo entiendo, porque también he probado el amargo resultado que algunas veces causa decir lo que se siente. He estado metido en tantas batallas que a veces pienso que ya no tengo fuerzas para enfrentar una más. Hay que ser inteligentes para escoger nuestras batallas, no podemos permitir que, por cansancio, todos nuestros flancos sean conquistados. Tenemos que levantarnos, no podemos defender nuestro territorio únicamente dentro de las murallas. Tenemos que salir.

¿Acaso vas a dejar que la poca libertad que te queda te sea arrebatada por un invasor de tu felicidad? No, yo no. Para muchos lo sensato es decir «no hay mejor guerra que la que no se libra», pero en la mayoría de las ocasiones esto nos lleva a vivir en una falsa paz, en una falsa tranquilidad. En realidad, solo evitas el conflicto con los demás, pero no logras resolver el conflicto que llevas dentro.

Déjame decirte algo: cada guerra no luchada pasa a ser una derrota acumulada que perdemos contra nosotros mismos. Si te tragas lo que sientes, acumulas dolor; es un lastre que vas a arrastrar y cada día te pesará más. No tendría sentido que yo te pidiera no enojarte. Claro que lo harás. Lo que te pido es que no permitas que el enojo se quede dentro de ti y te pudra.

Enfréntate, vas a vencer, cada vez que avances vas a ir creciendo, vas a ir aprendiendo. No te detengas, avanza, confróntate. Recuerda que los capitanes solo se hacen en las tormentas. Que esta lección no se te olvide hoy, mañana, ni nunca.

Deja de guardar silencio, atrévete a hablar; lo que tienes que decir importa. Y exprésate de frente con todos, vas a ver: les dices las cosas y rápido se empiezan a ir, porque la mayoría de la gente te quiere tal y como no eres, me explico con esto también.

Deja de guardar silencio porque no todo lo que hace ruido se rompe. Empieza a hacer un poco más de bullicio, Dios irá contigo en esa batalla en la que debes vencerte.

Tampoco debes callar cuando has llegado al punto del hartazgo en cualquier relación. Hablar con franqueza es un acto de responsabilidad. La dignidad es fundamental para permanecer, pero lo es también a la hora de marcharnos. Irnos en silencio, sin expresar lo que sentimos, es irse de un corazón ajeno sin pagar la cuenta. Se conoce como *ghosting* cuando alguien pone fin a la comunicación existente en una relación con la intención de romperla de forma súbita, determinada y sin explicación. Simplemente desaparece: se convierte en un fantasma.

.

Eres

de

quien

te

conoce

.

.

.

v u l n e r a b l e .

¿DE QUÉ LADO DE LA JAULA SE ENCUENTRA LA LIBERTAD?

Aunque hay un enorme revuelo por estas conductas, consideradas como un mal de los tiempos modernos, este tipo de reacciones han existido siempre, la diferencia es que ahora suceden en un mundo hiperconectado, en el que vivimos disponibles y azorados. En el pasado, cortar la comunicación a distancia era bastante sencillo, era suficiente con dejar de contestar una carta que, además, tardaría meses en llegar. Ahora que existen decenas de canales por los que puede retomarse la conexión, sigue siendo un hecho doloroso, pero con mayor exposición.

Dejar de responder a una persona no es más que la demostración de grandes carencias en la capacidad de expresar lo que se siente, pero también es una traición a la responsabilidad que asumimos cuando comenzamos una relación de cualquier tipo.

Una persona que desaparece se muestra incapaz de someter sus decisiones a la prueba de una conversación honesta. Con la justificación de que al esfumarse hiere menos a la otra persona que si la confronta, lo que en realidad hace es librarse del mal rato de tener que asumir la responsabilidad por la decisión que ha tomado. Estos casos solo demuestran su negativa a alcanzar un nivel emocional más elevado o que su compromiso dependerá de acciones más concretas, como iniciar un negocio o un noviazgo, pactos que el fantasma no está dispuesto a contraer.

Lo hace porque siente que esta es una alternativa mejor que dar la cara. Con el pretexto de que así no hiere a la persona a la que *ghostea*, le deja una pena que nunca acaba porque los fantasmas pueden estar en todas partes y aparecen cuando menos los esperamos. Un fantasma te ronda sin cesar; te quita el sueño pensar que te lo vas a encontrar y aun así aparece cuando duermes.

Cada vez hay un número mayor de personas que sufren trastornos mentales al ser sometidas a este tipo de castigos emocionales, que son torturas que no acaban porque en lugar de ejecutar a la víctima, el verdugo se esconde en los recuerdos y en las posibilidades. La persona rechazada siente, más que la herida puntual de la pérdida, una profunda sensación de abandono que pasa factura sobre la autovaloración. Desconocer las causas por las cuales se produce una ruptura inducirá a la persona a tener mayor recelo de las cosas que hace, de cómo comportarse, de ser auténtica. Por otro lado, habrá una sensación de no merecer ni siquiera una respuesta, se sentirán insuficientes y depreciadas en su visión interna.

Abordo este tema en el libro porque ya son demasiados los casos de personas que han sido objeto de esta forma de desprecio, y muchas de estas detienen su avance. Si este es tu caso, no dejes que la cobardía de otros calle tu rugido.

☀ DOLOR FANTASMA

El *ghosting* muestra una total carencia de empatía porque nace de una cultura que entiende la realidad

como un videojuego que se puede apagar cuando la partida va mal, y en la que evitas una derrota con el botón de reiniciar.

NO TODOS MERECEN EL PRIVILEGIO **DE QUE LOS EXTRAÑES**.

Para no tener que pasar por la incomodidad de decirle a una persona, de frente o a través de medios virtuales, que han tomado la decisión de poner fin al vínculo que tienen, se desvanecen, como niños malcriados y crueles que voltean el tablero si el juego no les favorece. A la falta de empatía se suman problemas de inmadurez emocional y poca capacidad de identificar los sentimientos propios, a los que resulta más sencillo abandonar.

En una medida que ha sido ampliamente criticada en las redes sociales, un diputado filipino ha presentado una propuesta para que el *ghosting* sea sancionado, por ser una «ofensa que provoca sensación de rechazo y abandono». Aunque no imagino cómo aplicar una ley de este estilo, pienso que solo es posible erradicar estas prácticas si nos educamos en tener relaciones basadas en la empatía, que va más allá de sentir el dolor ajeno; es también la comprensión de que las demás personas tienen una identidad y unos sentimientos distintos a los nuestros.

El *ghosting* produce una enorme impotencia en la víctima, pero además una sensación de perplejidad sobre las causas por las que esto ocurre. Quienes lo sufren se preguntan, incansablemente, qué ocasionó esa actitud y los lleva a revisar cada palabra y cada evento buscando un motivo que en la mayoría de los casos no existe. Es un ahogo continuo, un ciclo que nunca cierra, una herida abierta a la que no se le permite cicatrizar. Aunque puede producirse en cualquier tipo de relaciones de amistad, familiares o laborales, es particularmente compleja en el caso de las afectivas porque le niegan a la persona rechazada un cierre que le permita iniciar nuevas oportunidades en libertad. Además, estas heridas afectan la percepción futura de cómo acercarse al amor.

No superar el *ghosting* puede tener consecuencias en la aproximación de nuevas oportunidades. Tendrás miedo de cometer los mismos errores sin saber cuáles fueron. No te preocupes, salir de una situación como esa es posible y te voy a dar una serie de acciones que puedes poner en práctica. La primera es cuidar tu diálogo interno; revisita los ejercicios de autoconocimiento. Debes tomar en cuenta que lo que esa persona hizo se trata enteramente de ella, no de ti; es un problema enraizado en sus heridas y sus inseguridades. Evita encontrar los motivos en tus actos en tus omisiones, no caigas en una revisión mortificante de las cosas que sucedieron o no. Si bien pudiste haber cometido errores, ninguno de ellos justifica sus acciones.

ME VOY A QUERER
A LARGO PLAZO.

Dile a ese ser que llora dentro de ti: «Decidió irse», «No tuvo valentía de hablar conmigo», pero nunca te acuses con un «fallé» o un «lo espanté». Si esta es la forma en la que hablas, debes tener claro que no son frases que salgan del vacío; debes preguntarte qué te lleva a expresarlo así. ¿Sientes que no pueden amarte? ¿Piensas que no valía la pena permanecer a tu lado?

Si tus heridas de abandono y de rechazo siguen vivas, alimentando tu sensación de menosprecio, es momento de trabajar en ellas para sanarlas de una vez por todas.

De lo anterior se desprende otra acción fundamental: cerrar el ciclo por tu cuenta. No busques a esta persona para «poner fin» a la situación, porque ese encuentro puede transformarse en una excusa para restablecer un contacto. Terminar es una tarea que te corresponde hacer en soledad, así lo decidió quien no volvió a darte la cara. ¿Cerraste la puerta, pero aún sostienes la perilla en tu mano? Cuando cierres un círculo, revisa que no te hayas quedado dentro de la circunferencia.

Esquiva el enfado. Puede que sientas tristeza, pero esta puede transformarse en un enojo persistente que puede reflejarse en ti, en lo que sientes. Desactiva, entonces, los detonantes que te hagan caer en la situación de recordar y conectarte con esos sentimientos que te hacen daño. Quizás te parezca que eliminar sus cuentas de tus redes sociales es una acción tan infantil como la que esa persona ha tomado, pero minimizar las notificaciones, ocultar y restringir sus publicaciones, en caso de que no te haya bloqueado, reducirá los detonantes para volver a pensar en ello.

Además, prepárate para su regreso. Debes saber cómo reaccionar cuando la persona vuelva a aparecer, porque probablemente lo hará. Estas apariciones, que suelen conocerse como *zombieing* (de zombi, una persona muerta que cobra vida de repente y por razones extrañas), pueden ocurrir a través de contacto directo o comenzando con aproximaciones por redes sociales u otros medios digitales. Es fundamental que te prepares para su vuelta, debes saber qué hacer cuando esto suceda. Si tu decisión es hablarle, haz el guion de lo que le vas a decir y síguelo de forma rigurosa. Esto facilitará el perdón y hará más llevadero el momento.

Ponte primero. Esa es la acción que resume todas las demás. No necesitas a nadie para perseguir lo que deseas, ni para que tu vida tenga valor. Como hemos visto en este libro, aun en las situaciones más complejas puedes encontrar una superficie para impulsarte y volver a ser tal como eras antes de esa herida.

Finalmente, habla con personas en las cuales confíes, no dejes ese dolor dentro de ti ni aparentes estar bien o que la situación no te afecta, cuando la realidad es la contraria. Si sientes que llegas a un punto en el que hay demasiado daño, busca ayuda profesional. Es muy normal tener una reacción de «no me importa», «estoy bien y fuerte» cuando no es verdad. Hacer esto viola el principio del punto anterior, porque al hacerlo te pones en el último lugar, demuestras algo que no es cierto y que, aunque no lo creas, te hunde más. Haz las cosas que te gustan, pero hazlas por ti, no porque deseas que alguien más las vea.

LOS
«NOS VEMOS PRONTO»
SIEMPRE
LLEGAN TARDE.

Y si eres tú quien está jugando el juego del fantasma, te pido que lo vuelvas a pensar. Quizás tengas motivos válidos para darle fin a una relación, pero si lo has decidido unilateralmente, debes hacerlo saber, poner un término responsable a la situación. Recuerda que, por mucho que te hayan decepcionado, todos merecen saber que hay un final. Rugir también implica asumir las responsabilidades, por difíciles que sean. Si te corresponde formar parte del pasado de una persona, hazlo sin convertirte en un futuro irreal.

EL ESTIGMA

Fuerte y grande es aquel que, sabiendo que puede hacerte daño, elige no hacerlo. Mientras más amor metes en tu corazón, más espacio hay en él. El amor no llena el corazón, lo agranda; pero también es más fácil darle a quienes tenemos el corazón hinchado porque ocupa más espacio.

Por ello no dediques tiempo a algo tan mezquino como el odio. El odio no crea, solo destruye, pero la fe y la esperanza siempre vencerán. Ya lo había dicho en *Inquebrantables:* «Por encima de los que corren están los que vuelan y por encima de los que vuelan están los que curan las alas rotas». Ama tanto y de forma tan masiva, que no te quede tiempo ni espacio para odiar a nadie.

Busca por todas las rutas eliminar y desactivar el odio de tu vida. Si continúas en dicho círculo vicioso, te harás en el alma un hueco imposible de colmar. Verás el mundo vacío sin darte cuenta de que aquello que miras es tan solo el reflejo de

SI SE QUIEREN IR, PÓNSELAS FÁCIL.

lo que llevas dentro. Retomo el tema de volver a ti, de no convertir los momentos de duelo en la exhibición de que estás bien cuando no es cierto. Mientras escribo estas líneas es popular en redes sociales un *challenge* que invita a la persona a mostrar «una foto donde estabas destruido y nadie lo sabía». He visto decenas de publicaciones con este título y encuentro sonrisas, fiestas, escenas de inmensa alegría. Yo mismo veo algunas de mis fotografías, y duele aceptar que muchas de ellas tienen un grito que no se escucha, pero que clama: «¿Me pueden ver?», «¿Me quieres?».

Esas expresiones, que poca gente puede identificar, son el retrato final de una de las más graves dolencias actuales: el suicidio.

¿Cuándo vamos a desestigmatizar el suicidio? Absurdos prejuicios terminan por disuadir a una persona de buscar ayuda y, por lo tanto, sucede lo peor: no recibe una pronta intervención o el seguimiento que claramente necesita, y termina en un caos. Necesitamos borrar esta marca. Debemos nombrar el suicidio para que sea visto, para que sea claramente intervenido. Es indispensable que todos hablemos de este tema, y que lo hagamos de forma responsable, cuidadosa, respetuosa, sabia y desde todos sus flancos para buscar la manera de prevenirlo. Actuemos a tiempo. Si quieres ayudar, comparte, habla, detecta, apoya, pide ayuda, ve a terapia, no te avergüences, infórmate, intervén, crea conciencia con tus hijos, con tu pareja, con tus amigos. Deja de juzgar, de criticar, de llamar débil a quien está viviendo una depresión, una tristeza y no sabe levantarse de la tormenta como lo hiciste tú, porque el suicidio no es un asunto de cobardes ni de valientes.

LAS PALABRAS ENVIDIAN
LO QUE LOS ACTOS PUEDEN DECIR CUANDO ELLAS SOLO CALLAN.

Un acto de amor, de empatía, puede salvar una vida. Así que abre los ojos y devuelve una mirada compasiva al mundo y encontremos la manera de intervenir esto que no deja de crecer día a día.

Según la Organización Mundial de la Salud, 700.000 personas se quitan la vida cada año en todo el mundo. Esta cifra no para de aumentar a un ritmo superior al del crecimiento demográfico y las últimas estimaciones disponibles fueron realizadas antes de la pandemia, antes de que explotara la crisis económica y social. En el tiempo que has estado leyendo estos párrafos, dos personas han acabado con su vida.

Por mucho tiempo se nos ha dicho que el suicidio es un mal exclusivo de las naciones ricas y poderosas. Esto es un mito, porque si bien es cierto que la incidencia en índice per cápita es ligeramente más alta en el mundo desarrollado, casi cuatro de cada cinco suicidios ocurren en países en vías de desarrollo. El suicidio es una bestia cada día más voraz porque ha encontrado demasiadas sombras para ocultarse en los patrones de vida que nuestra sociedad ha venido adoptando. Nos invade porque desconocemos la intensidad del sufrimiento que puede contenerse tras un rostro sonriente.

Millones de familias han sufrido el luto de un suicidio. La devastación se produce también cuando se trata de un intento fallido. Su terror no acaba con las vidas perdidas, perdura en el dolor de las respuestas insatisfechas, de la injusticia de las culpas y en el eco de muertes que pudieron ser evitadas.

Una de las peores situaciones es que causa mayores heridas en los más débiles: el suicidio es una de las principales causas de muerte entre adolescentes y jóvenes.

EL VEREDICTO

Aquella mañana decidimos hacer lo mismo, impulsados por motivos diferentes. Paralelamente, nos dirigimos, con la intención clara, a ese punto de no retorno. Existe un microsegundo en el que la presión te rompe. Tomas la decisión fatal. Infinidad de pensamientos y emociones cruzan por la mente, el listado se hace interminable, ilegible. No entiendes ni encuentras respuestas que te detengan. Corazón y mente están divididos, haces el recuento de los problemas familiares, las burlas, el engaño, la ausencia, las lágrimas, todo abruma. Esto no se planea con exactitud.

Intentas que todo salga bien, pero en el fondo deseas que todo salga mal, hasta que comienzas a cruzar esa línea roja. Algo en ti te grita «¡adelante!», pero es demasiada la frustración, la tristeza. Por más que te esfuerces, ya nada te produce alegría. Ya no quieres dormir un día más porque sabes lo difícil que será volver a despertar. Sabes que te vas a estrellar y aceleras. Dicen que antes de morir aparece frente a ti la película de tu vida, pero para nosotros era una película que ya no queríamos ver.

NO ME ALEJÉ,
ME EMPUJASTE.

Quisieras haber dicho «adiós», pero nadie que escapa se despide. ¿Por qué sé todo esto que te cuento? Porque yo también lo viví. Te hablo del suicidio con toda propiedad porque yo también estuve ahí. Algunos afortunados fuimos detenidos por el amor de alguien, ese amor que te redime, y lanza al fondo del mar la vergüenza y eclipsa todo el pasado. Otros tendrán la valentía de sobreponerse, tratarán de olvidar lo que sucedió ese día, será una carga que deberás soltar a diario para que no te condenes. Hay quienes desearán no haberlo intentado nunca, jamás volverán a ser los mismos.

Otros simplemente habrán dejado inconcluso el adiós, y sus voces nunca más serán escuchadas; dejarán tras de sí un sinfín de preguntas y el silencio como única respuesta.

Podemos evitarlos. Entregando amor a quien sufre, podemos lograrlo. Así como con los acontecimientos inesperados en la economía o en la política, los expertos hablan de los antecedentes, y encuentran numerosos indicios de que esos eventos iban a ocurrir; eso sí, solo después de que ocurrieron. Antes de eso, nadie lo había previsto. Algo similar sucede con quien decide quitarse la vida; por lo general, comenzamos a encontrar señales claras de lo que iba a acontecer, dejando en los seres queridos una imborrable huella de dolor, responsabilidad y culpa.

Para comenzar, no es cierto que a esta situación se llega siempre luego de un proceso de reflexión prolongado, la idea final puede producirse en un momento corto, de forma súbita, pero en los casos en los que sí hay una idea rondando por algún tiempo, uno de los elementos que pueden generar alerta es un cambio radical en los patrones de conducta, especialmente si hay ira, agitación, ansiedad excesiva y una tendencia desmedida a la prodigalidad.

El vocabulario es también un indicador al que prestar atención, especialmente cuando hay pensamientos catastróficos, cuando la persona manifiesta que desea morir o que resulta una carga para la gente que ama. Desgraciadamente, en América Latina no están extendidas las líneas de ayuda.

Con cada suicidio una familia deja de escuchar la risa de sus hijos para siempre.

Con cada suicidio una pareja queda incompleta.

Con cada suicidio unos niños quedan huérfanos.

Con cada suicidio un corazón sensible deja de latir.

Con cada suicidio nace un silencio eterno.

OLVIDA EL DAÑO QUE TE HICIERON, **PERO NO LA LECCIÓN APRENDIDA**.

No bajes la guardia; sé un vigilante incansable de quienes están a tu alrededor. El suicidio hace visitas donde no se espera, donde florecen sonrisas, alguien dirá que no se lo habría imaginado.

Puede que esta no sea tu meta principal, pero no dejes que la depresión empañe de dolor el escenario de tus triunfos. Mención honorífica para todos aquellos que, por más quebrados que estén, no se dan por vencidos, aunque la vida insista en seguirlos maltratando. Y a ti que me lees con el dolor en el corazón, te abrazo por cada ocasión que tuviste que llorar a solas.

Repítete frente al espejo, con los ojos fijos en tus ojos: «Juro perdonarte, cuidarte, bendecirte, ayudarte y amarte todos los días de mi vida». Yo también vivo escuchando voces que dentro de mí gritan «¡No puedes!», pero me encargo de aplastarlas con las promesas de Dios. Este no es tu punto final; que no solo te baste con creer que lo recuperarás todo al doble, sino que también vivirás para gozarlo, compartirlo y multiplicarlo.

Tómalo con calma. Un día a la vez. Hoy descansa de tus miedos, pesares, secretos y rencores. Arréglate por dentro, ponte en orden. ¡Descansa, relaja esos hombros! ¿No te habías dado cuenta de cuánta tensión cargas? Respira... respira otra vez, pero ahora consciente de que te llenas de vida.

No importa dónde creas que está Jesús, porque desde donde Él se encuentre una sola palabra suya bastará para que todo sane. Haz el llamado. Cuando caminas junto a Dios no vas contando los kilómetros que te faltan, solo vas disfrutando de que Él está en control.

LA ÚLTIMA LLAMADA

Llevamos una tormenta por dentro, por ello unas veces nos llueven los ojos y otras nos ruge la mirada. Ruge como si hubieras podido escapar de la muerte, como si nada quedara por perder y cada paso avanzado fuera el último para llegar. Ruge como si ya conocieras los tiempos perdidos y la soledad de los silencios eternos, como si cada palabra fuera un aliento creador del universo. Ruge como si ya no te importara, como si no quedarán más salidas que las de la victoria. Imagina cómo sería la actitud de alguien que hubiera vuelto de la muerte o cuya mayor amenaza no fuera más impactante que un simple recuerdo.

Piensa en Lázaro cuando abrió los ojos, cuando se limpió los óleos, cuando sonrió a quienes lo lloraban. ¿Quién habría acallado su voz y sus ganas de satisfacer lo que no se llevó consigo a lo eterno? Todos somos como Lázaro que vuelve a la vida, porque nos ha sido concedida. Y la próxima será eterna.

¿Cómo amenazarías a Lázaro? Al que ha surgido de la muerte nada podría intimidarlo, no porque haya cruzado la frontera de lo inconcebible, sino por haber recibido la calidez de la vida eterna; no por haber sido escogido para el viaje de vuelta, sino porque ha experimentado la dicha de saber cuán grandioso es lo que le espera en lo infinito.

¿Para qué amenazar a Lázaro? No tendría sentido intentar doblegar a quien luego de cuatro días en el sepulcro ha aprendido a apreciar cuán refinado es lo sencillo, a destapar la corrección de lo imperfecto, a gozar lo que para la mayoría resulta imperceptible. No podrías arrebatarle nada a quien ya no cuenta los días en horas, sino en momentos.

¿Quién amenazaría a Lázaro? Nadie debería atreverse a desafiar a quien se ha desprendido de todos sus miedos y de todas sus ambiciones, de todas sus estrecheces y de todas sus vanidades, a quien por sentir sus pies sobre las arenas de Betania rechazaría el oro de los faraones. No hay advertencia que acobarde a quien descubre el brillo donde otros solo ven decadencia.

¿Cuándo amenazarías a Lázaro? Él no tendría tiempo de reparar en los peligros ni medir la anchura de los riesgos; su interés vital sería lo tangible y lo auténtico. No diría «otra vez esta vista», no se quejaría de lo modesta que es su huerta, no por conformismo, sino porque sabe cuán inútil es anhelar lo nuevo si aún no ha hallado placer en lo que tiene.

¿Cuánto amenazarías a Lázaro? No hay dimensiones para coaccionar a quien ha puesto rumbo en la dirección que su corazón impone, a quien apartó la losa guiado por el llamado de Cristo, a quien dobló las sábanas para tenderle en su sala un catre. No hay medida para asustar a aquel cuyo único temor es no poder volver a los brazos del Padre.

¿Cómo amenazarías a quien estuvo con el Altísimo?

Los humanos somos las únicas criaturas conscientes de que, tarde o temprano, moriremos; por ello no solo pensamos en cómo vamos a vivir, sino, sobre todo, en cómo vamos a morir.

EN MI DEFENSA DIRÉ QUE DECIDÍ PONER A CRISTO PRIMERO.

Tú y yo nos vemos acompañados durante toda la vida por la idea de la muerte. Esta, además, es un hecho inminente. Ante la intuición de su arribo, cada persona se identifica a sí misma como un suspiro, como un parpadeo que se convierte en un residuo del porvenir. El cielo permanece, y nosotros no más acontecemos; en consecuencia, los valientes se ocupan y viven tan pronto como se les asegure su final.

La vida, en sentido poético, termina por ser el arte de administrar la muerte. La muerte profundiza nuestra singularidad porque, al final, cada persona la entiende como suya. Solo se trata de mí, es justo a mí a quien la muerte llama por su nombre, es a mí a quien apunta sin darle la oportunidad de hacerlo pasar por un amigo. No hay escapatoria, se terminaron los plazos; no queda el «mañana lo hago» y por más esfuerzo que ponga, los pretextos no me servirán de nada; por eso, en virtud de la muerte, mi existencia por fin es verdaderamente mía. La muerte es un hecho íntimo, es un acontecimiento fascinante, es una experiencia que no se puede transmitir a otro: nadie puede enseñarte a morir, nadie puede morir por alguien más; y aunque pudiéramos sacrificarnos por otro, con ello no lograríamos liberarlo de su propia muerte. Para algunos es una desgracia privada; para otros, el cumpleaños en la gloria. La muerte es un acontecimiento ecuménico, que nos llega a todos; no revisa rangos, carteras, colores o intelectos, nadie puede escaparse de sus brazos. Quien asegura no temer a la muerte, quizás tampoco sienta amor.

Nuestra especie conserva la esperanza de escapar de su muerte un día más, desea con el alma aplazarla, llevando su fe al límite. La última llamada no lleva acompañantes. Por ello la pregunta es «¿cómo te encontrará la muerte?». Se puede esperar a morir mientras sobrevives o se puede vivir intensamente mientras ella se hace presente.

Aun quienes creemos en la vida eterna sentimos miedo por la transición que implica. Hoy más que nunca mi convic-

ción por el cielo es real; estoy seguro de que existe ese hermoso lugar donde todo toma sentido. Sujetarnos a esa incertidumbre nos hace vulnerables, pero al mismo tiempo nos hace libres de saber que hay algo mejor que la vida en este planeta.

Amémonos más para que nunca nos arrepintamos de haber usado el tiempo que nos queda en enojos, en rencores o en tristezas. No seamos insensatos con la oportunidad que hoy tenemos. La última llamada es inevitable, el asunto es si nos encontrará al final corriendo y huyendo o si la recibiremos en paz, sabiendo que lo dimos todo.

¿Cómo responderás a esa última llamada? La mejor forma es amando con todas tus fuerzas, con toda tu mente, con toda tu alma. Simplemente, viviendo. Aunque algunas veces nos sintamos rotos.

¿CUÁNTO VALOR SE NECESITA **PARA MOSTRARSE SIN ARMADURA**?

Comprender la muerte implica que sabemos valorar la vida; justo por ello la disfrutamos con la intensidad de quien nunca olvida cómo caen los granos de arena y que ruge antes de que no quede más que el testimonio de lo que dejó pendiente.

Vivir con intensidad es el mayor homenaje que hacemos a quienes se fueron dejando una lista de sueños sin tachaduras, viajes que acababan cuando abrían los ojos, conciertos del tamaño de su ducha.

Ruge ahora, que se acaba el tiempo.

ARTE EN EL DESASTRE

El sogún Ashikaga Yoshimasa no sabía que estaba a punto de encontrar arte el día que una pieza de su juego de té favorito cayó en el suelo y se reventó en pedazos. Un desastre. El regente pidió a sus sirvientes que recogieran los trozos con cuidado y que los enviaran a reparar en China, donde estaban los mejores artistas del manejo de materiales.

El sogún esperó ansioso los días que la pieza tardó en cruzar el mar del Oriente —que deben haber sido demasiados, considerando los medios de transporte de hace 500 años—, pero el final de la espera fue decepcionante: cuando el encargo llegó, Yoshimasa se encontró con que su amada taza, aunque volvía a contener los hirvientes líquidos sin derramarlos, había sido acoplada de forma desprolija y con una masa ordinaria. Habían arruinado el delicado primor de la loza.

Indignado por aquella mediocridad, pidió a los mejores artesanos de su región que fueran a ayudarlo. Estos, complacidos por poder satisfacer al sogún, se lanzaron a la tarea de recomponer la pieza rota con una técnica refinada que mantuviera en ella algo de su elegancia original. Los alfareros buscaron soluciones hasta que dieron con una mezcla de resina y oro. Unidos con ese compuesto, los retazos de la taza no solo recobraron su funcionalidad, sino que pasaron a ser aún más hermosos que antes de quebrarse. Esta técnica que sirve para restaurar lo roto y le confiere una renovada belleza a aquello que compone se llama *kintsugi* —una fusión de las palabras japonesas para *oro* y *unión*— y se ha transformado en una elevación de lo que ha sufrido un daño.

Es así como los rostros que encierran mayor belleza son aquellos que acumularon grandes penas, pero que luego recobraron su luz porque nunca se enamoraron de la oscuridad. De igual manera en que los diestros artesanos japoneses aprendieron a hacer joyas con trozos de cerámica que en algún momento se consideraron desechos, tú puedes reconstruir ese corazón fracturado, que por mucho tiempo has considerado inservible, con una receta infalible: el amor.

Tu vida puede ser como una pieza de *kintsugi*: una recomposición de los fragmentos que vas desprendiendo en el arduo privilegio de vivir. Puede volverse más hermosa de lo que era cuando alguien te echó al suelo y ya no fuiste uno, sino mil pedazos.

Pero esa belleza es algo que debes aprender a ver. El sogún bien pudo desechar la taza amalgamada con polvos de oro si, desde antes, no hubiera entendido el poder de la belleza en lo simple, propio del pensamiento zen que facilita la posibilidad de ver lo bello en las cosas cotidianas.

HAY PERSONAS QUE NO SE MERECEN NI TUS DESASTRES.

Durante siglos, había prosperado el *wabi-sabi*, una corriente estética que invitaba a valorar la belleza escondida en lo imperfecto, lo irregular, lo que se quiebra con el tiempo. De alguna manera, las cosas se deterioran porque nada es permanente en lo terrenal. Las cicatrices del alma, sueltas o unidas por polvos de oro, son muestras inequívocas de nuestra humanidad. Quien no puede amar lo deformado y lo que se deteriora termina por desechar el amor propio.

Las grandes maravillas de la naturaleza no son más que heridas del tiempo, la arena de las playas majestuosas son rocas lesionadas por el mar y los vientos. Solo hemos educado nuestros ojos para comprenderlo como algo hermoso. Siempre podemos describir lo bello donde hoy no somos capaces de identificar a simple vista. Algunas veces, se oculta bajo el dolor.

Podemos soportar el dolor, resistirlo y seguir adelante, como nos han enseñado. Tolerar las presiones que la vida ejerce sobre nosotros suele ser la enseñanza que durante siglos hemos ido aprendiendo y entregando, pero por mucho que nos pidan resistencia, las adversidades pueden quebrarnos o impulsarnos, la diferencia estará en nuestra preparación emocional y en nuestra capacidad de resiliencia.

Denominamos *resiliencia* a la habilidad que tenemos para adaptarnos a las situaciones adversas, recuperarnos y continuar fortalecidos después de sufrir una adversidad abrumadora. Supongo que has escuchado este término hasta el cansancio, pero yo vuelvo a traerlo porque lo siento indispensable para hacer un análisis de tus atributos y necesidades, así como para realizar los ajustes que te permitan soltar tu rugido interior.

Este no es un concepto exclusivo de la psicología. Inicialmente proviene de la física, ya que se usa para describir el comportamiento de ciertos materiales que han sido impactados por fuerzas externas, pero que son capaces de recuperar su forma original. También se estudia esta capacidad de recuperación en otras disciplinas, como la sociología, la medicina o la epigenética.

En el mundo del desarrollo personal, se popularizó con los aportes de Boris Cyrulnik, reconocido investigador en psiquiatría y neurología. El término se ha usado tanto, y en tantos contextos, que su significado original se ha opacado. Lo más común es señalar como «resiliente» a una persona que no sufre, que pasa por encima de los problemas o que ignora sus heridas al caer. De igual modo, se asocia con la capacidad de resistir las embestidas de la vida sin experimentar cambios. La resiliencia permite un retorno a la normalidad, pero en mejores condiciones que antes de la conmoción.

¿DE RÍGIDO A FLEXIBLE?

A la idea de resiliencia se le han adjudicado atributos propios de la tenacidad, lo que nos lleva a ver la resiliencia como requisito para una vida de resignación. En su sentido estricto, tenacidad es la energía que soporta un material antes de quebrarse, la resistencia que ejerce para no deformarse. Haciendo la analogía con las realidades humanas, sería la fuerza que tiene una persona para resistir presiones, sufrimiento o agotamiento antes de romperse.

SI ESTÁS TRISTE, ES UN EXCELENTE MOMENTO PARA PRESTARTE MUCHA ATENCIÓN.

Por ejemplo, podemos saltar sobre una mesa de cristal y, por muy dura que esta sea, en algún momento se estrellará, por su casi inexistente tolerancia a deformarse durante el golpe. La resiliencia, en cambio, es como saltar sobre un trampolín, que recibe la energía y luego la devuelve con una potencia elástica, porque tiene capacidad de retomar su forma original.

Si eres inflexible, te romperás. No intentes ser invulnerable, concéntrate en la capacidad para transformar lo que te hiere de forma feroz. No es borrarlo, es intervenirlo. Todos tenemos la hermosa virtud de transformar un golpe letal en algo honorable. La resiliencia es justo el poder de articular tus fuerzas biológicas, históricas, afectivas y sociales para modificar la realidad en la que te encuentras.

Aunque nos hayamos robado estos términos de las ciencias puras, su significado se ensancha cuando lo usamos para explicar las convulsiones del alma; ya no se enfoca o se designa a la resistencia pura y dura de un material, o a su amplia capacidad para deformarse y retomar su forma, sino que, desde el corazón, la mente y el alma, se crea un triángulo virtuoso, donde nacen las estrategias que emplea una persona como tú o como yo para hacer de una situación amarga algo no estéril.

La resiliencia también es un proceso intensivo, a la vez psicológico, biológico y estratégico. Es integral. Tu espíritu, tu corazón y mente unidos como la oposición de fuerzas y tensiones positivas que hacen que un ser humano, aun sin poseer un porcentaje importante de armonía o equilibrio, decida vivir su vida de manera intensa, apasionada, intencional, provocativa y, en consecuencia, plena de momentos placenteros provocados por dicha convicción que supera cualquier emoción. Sostiene el presente y forja el futuro predecible, destruye las ataduras de la vergüenza y el estado de ineptitud, acaba con la idea fatalista de que todo ha terminado, convierte el llanto en un rugido, y no el de alguien herido. La resiliencia no como borrador, sino como el artesano que manipula el barro roto.

Jeremías 4:19 clama: «¡Mis entrañas, mis entrañas! Me duelen las telas de mi corazón; mi corazón ruge dentro de mí; no callaré; porque voz de shofar has oído, oh alma mía, alarma de guerra»*.

Solo podemos ser resilientes si somos capaces de aceptar y procesar las emociones negativas. Negarte a ellas no te dará la elasticidad para impulsarlas. Un material no acumula ni expande energía que no recibe. No solo reaccionas a estímulos provenientes del exterior; desafiarte puede estirar los soportes que te propulsan desde lo más interno.

¡Vamos una vez más! Ayer caíste, pero mañana te levantarás de la mano de Cristo. Esa es la fe de la resurrección, el poder de cambiar un punto final por una coma en tu andar. Ser resilientes, mejores ante cada tropiezo, es la ortografía correcta de Dios. Él no nos deja, sigue reinando y escuchando nuestro clamor. Esta dificultad no te va a derrotar, te va a promover. No te va a romper, te va a fortalecer. No solo vas a estar de pie, tu pisada será más resistente.

---

*   Por su belleza e intensidad, escojo utilizar la traducción de la Biblia del Jubileo para esta cita.

ESTOY APRENDIENDO A FRACASAR CON MÁS ÉXITO QUE ANTES.

Todos hemos sido resilientes en mayor o menor medida; lo fuimos cuando volvimos a sonreír después de que la bofetada de una traición nos volara los dientes, cuando nos vestimos para la primera entrevista luego de un despido, cuando nos atrevimos a decir «sí», aunque cargábamos el peso de un inmenso «no». Aunque no lo sepas, ya eres resiliente, al menos un poco, y esa capacidad natural puede reforzarse.

El primer paso, quizás el más importante, es avanzar —como ya has comenzado— en tu conocimiento interno: conocer tus talentos y tendencias, los sesgos tus decisiones y el poder de controlar tus deseos. El segundo es no cerrarse a las emociones. Sentir lo que sucede y aceptar que eso nos afecta y nos duele es necesario para que nuestro material sensible pueda resistir el choque y hacerlo rebotar.

Abraza el dolor y dale tiempo para sanar, no puedes deshacerte de una pena a la que te niegas.

Para actuar con resiliencia debes emprender un retorno a Dios y comprender que muchas cosas habrían estado más cerca del ideal si hubieras actuado diferente. Desde la cuna nos inculcan que nunca debemos arrepentirnos de lo que hacemos. El lema de no arrepentirse ha dado título a libros y canciones porque contiene una realidad incontestable: somos producto de la acumulación de nuestras acciones. La idea suena bien, pero ponerla en práctica es un poco complejo. ¿Hay algo de lo que te arrepientes? Estoy seguro de que sí, y muchas veces no se trata de lo que hiciste mal, sino de lo que nunca hiciste.

La inacción y la negativa a actuar son las cargas más pesadas que arrastramos. De lo no realizado solo nos quedan hipótesis, fantasías y el enorme peso de preguntarnos: «¿Por qué no estudié lo quise?», «¿Por qué no le dije que sí?», «¿Por qué tuve miedo de ir?».

El arrepentimiento no debe anclarte al pasado, es una forma de entender con mayor claridad un nuevo futuro. Al pasado nos ata el remordimiento, del cual no sacamos nada valioso. Arrepentirse, por su parte, no se trata de estar pensando en lo que hicimos o dejamos de hacer, sino en comprender el futuro a partir de reconocer lo que era importante, de saber cómo repensamos lo que es adecuado.

Comprender cuál de nuestras decisiones fue incorrecta nos lleva a reflexionar y a plantearnos una nueva realidad. Este proceso solo es posible cuando en nuestra mente aparece un futuro alternativo, y solo al mirar a través de este activamos el pensamiento efectivo.

Ser resiliente requiere estas reflexiones para hacernos más elásticos, para ofrecernos un nuevo impulso para ser mejores.

VUELVE A DIOS

Son muchas las personas que conozco que, cuando se ven enfrentadas a evaluar cuál ha sido un gran error en su vida, se arrepienten de haberle dado la espalda a Dios y haber vivido lejos de Él. Aunque Él nos llama miles de veces en nuestra vida, muchos se quejan de que jamás reciben Su llamado porque no se dan cuenta de que en la pureza de Su corazón está la sintonía que se conecta con Su voz. Solo los corazones afables que entrenan su sensibilidad y no dejan que el mal del mundo les haga callosidad, logran escuchar esa voz que los dirige a Su voluntad; pero quien carga un corazón enfurecido y amurallado, se esconde en los acantilados de sus prejuicios y hace caso omiso a las señales, llamadas e instrucciones de lo eterno.

NO ALCANZAN LAS ESTRELLAS FUGACES PARA TODOS MIS DESEOS.

Gran reto tenemos en dejar de ser orgullosos. Mantener el orgullo a raya, y bien domesticado, es uno de los deportes extremos del ser humano. No vigilarlo es abrirle la puerta a que tome poder de nuestro diario vivir. Siempre nos arderá cuando alguien desvele nuestros errores, que ponga en la mesa si fuimos mezquinos y toque la herida que no queremos ver; por ello, en la medida en que tengamos la humildad de reconocer nuestros errores podremos limpiar nuestra basura anímica, ponerla a la luz y caminar la ruta de la bienaventuranza.

Si permites que tu corazón se marchite, dejarás de sentir, responder y optar por una nueva dirección y continuarás sobre el mismo camino que ya has recorrido toda tu vida. El corazón fosilizado se anida en la incredulidad y el desafío a Dios, queda insensible a la represión y ya no puede ser movido a una nueva y mejor forma de ser. Un corazón insensible pierde el miedo a las heridas; esto da rienda suelta a que el desenfreno tome el control absoluto de nuestra vida, nos lleva a la imprudencia por la temeridad y así vamos rompiendo otros corazones sin ser conscientes de sus emociones.

Nadie con el corazón duro podría considerarse un héroe, no sería más que un necio y, sin excepción, alguien que se enfrentará con las circunstancias que lo quebrarán, luego de haber arrollado a quienes lo rodean.

¿Quieres saber si tienes un corazón endurecido? Existen características notables que te ayudan a saber si tu corazón ha comenzado a perder flexibilidad, si ha iniciado el corto camino de convertirse en piedra. Pregúntate:

- ¿Has comenzado a tener cada día más resistencia a lo que Dios dice?
- ¿Rechazas Su autoridad?
- ¿Criticas todo aquello que no reconozcas en ti?
- ¿Muestras una actitud de indiferencia hacia los demás y su dolor?
- ¿Justificas tu conducta?
- ¿El orgullo te impide disculparte?
- ¿Te resistes a la corrección y piensas que siempre tienes la razón?
- ¿Comienzas a preocuparte más por los bienes y el prestigio que por el amor y la bondad?
- ¿Tienes poco interés en los asuntos espirituales?
- ¿Actúas con total indiferencia en los asuntos de la familia y los amigos?

- ¿Rechazas la lectura de los textos de sabiduría, la oración y las plegarias?

×

Tú eres quien puede abrirle la puerta de tu vida al Señor. Él siempre estará contigo, por muy difícil que sea tu situación. No trates de resolver todo; participa en Su obra sin pretender cambiarla. Tú harás lo posible, lo demás es Su juguete favorito: lo imposible.

Vuelve a Dios, hazlo hoy mismo. Ora por tu enojo y que resquebraje las costras de tu alma. Deja atrás tu terquedad y corre hacia adelante, donde está Su gracia. Vuelve a Dios. Él es capaz de darle vida a un corazón enterrado en el rencor y muerto por la ira. Todas las cosas que Él hace son nuevas. La cirugía dura un segundo, la recuperación depende de ti.

SIGUE ESTANDO DISPONIBLE EL LUGAR QUE DEJASTE EN LA MESA DE DIOS.

Si eres creyente —y si no lo eres— te recomiendo orar. He preparado esta oración para cuando te sientas lejos de Él:

Señor, perdona mi maldad, mi tibieza. Perdona que haya dejado que el amor se volviera frío. Perdona a quienes con un corazón duro han vivido oprimiendo a los débiles y a los pobres.

Te pido que rompas las maldiciones y arranques la dureza de mi línea familiar que tanto daño ha causado. Libérame de la ceguera del alma, de la sordera del corazón, de la tacañería y de la murmuración. Protégeme de los engaños y las trampas; desmantela los obstáculos y endereza toda espalda encorvada.

Te entrego toda terquedad que me haga retroceder. Dame un corazón conforme al Tuyo, y la sabiduría para reconocer el peso que eso significa. Te pido que me des bondad acompañada de firmeza y contentamiento, una brillante actitud de gratitud por el pan de cada día. Y en humildad solicito que me impregnes con la generosidad de Tu sabiduría.

Dame fuego en el espíritu, pasión y un corazón que arda por cómo Cristo mueve mi vida. Reaviva mi fe para que entienda que el misterio de lo sobrenatural también es para mí.

Bendice el aire tomado y el contenido por mí; conviértelo en el rugido de los hechos que construiré con incansable esfuerzo, con arrojo inagotable porque lo baño de fe.

EL REINO DE TU EXISTENCIA

Hablemos de tus silencios, tus lamentos en la madrugada, del nudo en tu garganta y de ese dolor de cuello que tienes de tanto voltear atrás, del pinchazo en el pecho, del temblor de tus ojos y la agitación de tus manos. Sí, hablemos de toda esa lucha, de la preparación que has tenido para poder ver la valentía que hay en ti y la fuerza que tienes para soportar esas situaciones con tanta dignidad. Ven. Aprende a mirar tus heridas como marcas de atrevimiento.

Ya tomaste una bocanada de aire puro que llenó tu alma de lo mejor de ti e inflamaste tus pulmones con las herramientas necesarias para sacar tu rugido interior. Llegó el momento de quererte a largo plazo, de amar tus rarezas, de abrazarte en voz alta, de juzgarte con compasión por lo que sientes, de salir por la noche a recoger estrellas y de volver a cotizar tus prioridades. El amor es una decisión y el milagro es decidirlo cada día. Ámate como Dios te ha mostrado que es posible. Es hermoso cuando las cosas no suceden como esperabas, pero resultan tal como las necesitabas.

Ya han pasado los malos días, ahora te espera la vida grandiosa que puedes crear. Es una decisión. Puedes dejarte llevar por tus tendencias o poner énfasis en lo espiritual. Estarás frente a la situación de determinar dónde encontrar valor y cómo formar tus jerarquías esenciales. Puedes poner el peso en los portadores de símbolos, en los ídolos de la inmediatez, en los tablajeros que escogerán tu costillar como la próxima pieza para exhibir en el bazar del hambre. Puedes subirte al subibaja del mercado de valores, al carrusel descarrilado de la moda, a la alfombra roja de los abismos.

No hay límites en el corazón, y eso no lo entiende la mente. Podrás elevar retratos de déspotas cobrizos o barbudos, de cabello engominado o quepis impoluto. Podrás recitar pasajes completos de los manuales del odio, o cantar a todo pulmón el himno de los fantasmas que siembran miserias. Conseguirás rendirte ante los vaivenes del sexo vacío, despertar junto a nombres que jamás te dijeron, empañar pantallas que reflejan frustraciones. Sabrás ahorcarte con la vanidad de la seda o levantar tu cuerpo con pinzas de hierro. Esas serán tus decisiones.

La soberbia es un mal que surge al negarte a aceptar el poder de Dios y Su amor, mientras que Él desvela tus errores a través de un amigo, un adversario, un cónyuge, una madre o un desconocido que sabemos que tienen razón; por consiguiente, debemos mejorar nuestras actitudes y corregir los errores, ya que la soberbia nos lleva a «contraatacar», señalando inmediatamente los defectos de quien nos interpela, buscando inútilmente rebatir y minimizar la importancia de su mensaje, en lugar de aceptar la crítica o la corrección, debemos disculparnos y esforzarnos por ser mejores.

Huyes de la verdad y regresas con el enojo que supura de la herida, con la furia que proviene del recelo. Te cobijas con el gélido sentimiento de inadecuación que surge de ignorar el amor.

La soberbia te empuja a la ira, al revanchismo, al ataque que te arrebata la oportunidad de mejorar. Te priva de ver los milagros y los signos evidentes de lo sobrenatural. Tiene tal efecto, que te ciega y no te permite ver más allá de tus limitados prejuicios personales, que demuestran tu deformada y carente visión de la vida. En ocasiones, la soberbia que te invade es tan grande que aleja a la gente de ti, te convierte en alguien indeseable. A pesar de ello, se te ha dado un centenar de oportunidades para cambiar, mejorar tus actitudes, vivir en humildad y remendar tus errores. Es una barrera, una muralla entre la bendición y la maldición.

El amor de Dios es muy poderoso, pero actuará tanto como se lo permitas. Dios nunca te obliga a aceptarlo, porque nunca anulará tu libertad. Claro que Él quiere que lo recibas en todas las áreas de tu existencia, pero jamás pasará por encima de nuestra libertad. Déjalo entrar para que limpie en ti todo aquello que te separa de una mejor vida.

Una vez que llega el momento de rugir, pregúntate quién dirige el reino de tu existencia, dónde están los patrones que comandan tus valores. Dios puede ser el centro de toda jerarquía, incluso cuando no crees en Él, porque si construyes tu vida honrando lo que es importante y hermoso, delicado y sensible, habrás puesto a Dios en el primer altar de tu honra, aunque no lo sepas.

Que Él sea tu punto de partida y tu destino, y no dejes de avanzar.

Aunque suene extremadamente complejo, sigue adelante. Ya has tomado bastante aire en reflexión y autoconocimiento, lo has contenido por un lapso suficiente mientras te enfocabas y reformulabas tus sesgos al decidir. Sabes que solo podrás soltar tu grito con el poder de la voluntad y con la dirección del propósito y que aunque te hayan quebrado en pedazos, la unión de tus fragmentos hará de tu simpleza una fina joya.

La verdad no es un destino turístico.

Desde afuera no sabemos cuándo está por hacer erupción el volcán, pero tú estás dentro, conteniendo el ardor. Deja que tu pecho alimente la detonación de tu garganta, con la que tus ideas darán combustible a tu corazón. Enardece, hasta que alcances el punto de reacción.

Inspira, inflama y ruge.

Ha llegado la hora de que te escuchen.

¡RUGE, O ESPERA
A SER DEVORADO!

¡Ama!

ES MÁS TARDE DE TARDE DE LO QUE CREES.

Para vivir mejor no hay que apretar, hay que soltar; debemos vivir sin retener, sin aferrarnos. Vivamos sin obsesionarnos con el tiempo; dejemos de contar los segundos, y, viviendo, perdamos la noción de que existen.

Desprendámonos, integrémonos al todo. Aceptemos lo poco que somos, pero lo mucho que valemos en este universo. Debemos esperar nada y todo, sin apego; simplemente esperar y, en la espera, descubrirnos en el misterio y dejar que los *cómos* nos sorprendan. Hagámoslo sabiendo que no todo lo que nos pasa es bueno, pero sí es necesario. En ocasiones Dios nos quita algunas personas para nuestra protección y deja otras para nuestro aprendizaje. Si algunos se van, déjalos ir; si algunos se quedan, déjalos ser.

Le pido a Cristo que te libere de la ceguera del alma, de la obsesión por la velocidad y de la sordera del corazón, de la tacañería y de la murmuración. Le pido que te proteja de los engaños, de las trampas de otros y de tu propia mente. Le pido a Cristo que comiences a desmantelar todos los obstáculos que te estancan. Le pido que enderece tu espalda encorvada por el peso de la vida.

Hoy, y allí donde estás leyendo este texto, entrégale toda necedad del corazón: «Te la doy, Señor». Entrégale toda soberbia que te haga retroceder y te aleje de quienes amas y de quien eres. Pídele a Cristo un corazón conforme al Suyo, pero, sobre todo, pídele que te dé sabiduría para entender el peso que se siente y qué significa tener un corazón de ese tamaño. Quiero que te llenes de bondad, acompañada de firmeza, de alegría y de una brillante actitud de gratitud por el pan de cada día.

Luego de estas páginas que hemos transitado juntos, luego de lo que te he dicho y de lo que has reflexionado, deseo que te invada un anhelo por el que valga la pena persistir y que, en humildad, te impregnes de virtud y de todo don proveniente de lo eterno. Que Dios, en este momento, te dé el fuego del espíritu y un corazón inquebrantable, uno presto a arder por el mover de las cosas de nuestro Padre.

Ya nada podrá amenazarte porque eres hijo del todo. Los que rugen saben que jamás serán devorados. ¡Ruge!

Deseo que después
de haber leído este libro
**te ames por completo
y no por partes.**